新世纪农村普法读本

依法治国之送法下乡

农村医疗
常见法律问题解答

（案例应用版）

张立杰◎著

中国政法大学出版社

2015·北京

依法治国之送法下乡丛书编委会

专家顾问

冯晓青（中国政法大学教授，博士研究生导师）

李永军（中国政法大学教授，博士研究生导师）

李显冬（中国政法大学教授，博士研究生导师）

来小鹏（中国政法大学教授，博士研究生导师）

张　楚（中国政法大学教授，博士研究生导师）

隋彭生（中国政法大学教授）

房保国（中国政法大学副教授）

吴丹红（中国政法大学副教授）

编委会成员

路　正	段建辉	孙才涛	郭　锰	张立杰	薛晓雪	吴自恩
张　旭	陈熙云	张亚凤	薛　平	吕鑫萍	俞能强	吴　辉
张雪莲	田力男	刘婷婷	罗　舜	丛怀挺	王玉山	司　宇
李吉斌	修明贺	邱华锋	黄克彪	柴永林	刘海龙	王永权

序 言

随着社会的进步和我国法律渐渐地完善，公民的维权意识不断的增强，在医疗卫生方面，主要表现为医疗纠纷案件数量的快速增长。当今市场经济飞速发展，医患双方的关系变得日趋淡薄，更有甚者要对簿公堂。面对"医患双方的危机"，我国采取了一系列行之有效的措施，在立法上相继颁布了一些重要的法律、法规，对于缓解医患双方的紧张关系，起到了重要的作用。

本书主要针对"生活在广大农村地区的农民朋友们，面临医疗纠纷，如何依据法律，运用合理的方式来维护自己的合法权益"而全面展开，旨在为偏远地区及广大农村地区的朋友提供医疗法律纠纷的鲜活案例，增强其对医患双方权利与义务的认识，以期唤醒农民朋友的维权意识，使其在身体健康得到保护的同时，其尊严及各项权利都能得到相应维护。本书主要包括两部分：第一部分是一些典型的案例，其中对这些典型案例进行了详细的分析，方便读者阅读；第二部分是重点法律、法规的解读，使读者能够加深对我国有关法律、法规的理解。

在撰写本书时得到了中国政法大学法律硕士学院硕士研究生郭锰、路正、段建辉和孙才涛四位同学的鼎力相助，在此表示衷心的感谢。同时由于自己的能力有限，加上时间的限制，本书难免存在一些瑕疵，甚至是存在与当下流行的观点相悖的地方，敬请广大读者批评指正。

张立杰

2015 年 1 月于中国政法大学

目　录

第二部分
有关医疗法律、法规及重点条文解读

第一部分

典型案例分析

1　新型农村合作医疗，农民是否必须参加？

案件介绍

2005 年 7 月，×省×县人民政府作出指示，要求该县的所有乡村在开展新型农村合作医疗的工作时，必须做到每一位村民都参加新型农村合作医疗，任何农民不得拒绝。县级人民政府甚至强调各村村民委员会必须完成任务，并将其提升为政治任务。在×村落实县级人民政府的指示时，该村村民委员会甚至放下手头的工作，出动该村委会全部成员开展新型农村合作医疗工作。先是挨家挨户地口头动员，遇到不愿参加的村民，轻则派人进入该村民家中软磨硬泡，重则打骂威胁。有的村民委员会成员甚至说："这是关系和谐社会的大事，你们不参加，明显就是不希望社会和谐。你们必须参加这项为了你好的医疗合作，否则，你们家今年的村集体经济分红减半！"最终，该村有的村民仍然坚持自己的意愿不参加农村合作医疗，在问其原因时，该村民认为自己已经买了好多保险，家里的经济情况能够自我保证医疗服务，不需要再交这份钱。

法律分析

《国务院办公厅转发卫生部等部门关于进一步做好新型农村合作医疗试点工作指导意见的通知》第 3 点指出："必须坚持农民自愿参见的原则。开展新型农村合作医疗试点，一定要坚持农民自愿参加的原则，严禁硬性规定农民参加合作医疗的指标、向乡村干部搞任务包干摊派、强迫乡（镇）卫生院和乡村医生代缴以及强迫农民贷款缴纳经费等简单粗暴、强迫命令的错误做法。各地区要加强督查，发现这些问题，必须及时严肃查处，坚决予以纠正。"

第一，任何一项国家政策都是在广泛调研的基础上做出的科学的决定。新型农村合作医疗坚持农民自愿参加的原则，绝对不允许强迫农民参加。这是国家在开展新型农村合作医疗试点中坚持的原则，该原则必须贯彻于该项工作的始终。所以，坚持农民自愿参加的原则是国家开展新型农村合作医疗的一个基本前提，任何组织和个人都不得违反。第二，新型农村合作医疗制度的出发点或者一个最主要的目的就是为了解决农民看病难的问题，尤其是看大病支付不起费用而造成的因病致贫、因病返贫问题。换言之，对于生了大病无法靠自己经济实力解决的农民，国家鼓励其参加新型农村合作医疗，以避免这样的农民因生大病而导致贫困。第三，国家出台这项政策，是动态结合，具体问题具体分析的，而不是"一刀切"，违背农民自愿参加的规定。所以要严禁硬性规定农民参加合作医疗的指标、向乡村干部搞任务包干摊派、强迫乡（镇）卫生院和乡村医生代缴以及强迫农民贷款缴纳经费等简单粗暴、强迫命令的错误做法。

在本案例中，该县人民政府硬性规定所有乡村的村民必须全部参加新型农村合作医疗的做法完全是错误的，甚至是违法的，严重误解了国家的政策宗旨。国家政策明确规定不得硬性规定农民参加合作医疗的指标，而该县竟然规定所有的农民都要参加，完全不顾具体的情况，完全违背了国家政策的精神。《中华人民共和国村民委员会组织法》（以下简称《村民委员会组织法》）第2条规定："村民委员会是村民自我管理、自我教育、自我服务的基层群众性自治组织，实行民主选举、民主决策、民主管理、民主监督。村民委员会办理本村的公共事务和公益事业，调解民间纠纷，协助维护社会治安，向人民政府反映村民的意见、要求和提出建议。村民委员会向村民会议、村民代表会议负责并报告工作。"依据该条可以得出，村民委员会不是县级人民政府的下级行政部门，而是农村基层村民自治的群众组织。《村民委员会组织法》第5条规定："乡、民族乡、镇的人民政府对村民委员会的工作给予指导、支持和帮助，但是不得干预依法属于村民自治范围内的事项。村民委员会协助乡、民族乡、镇的人民政府开展工作。"该村村民委员会不得任意接受县级人民政府的行政命令，但是可以协助上级人民政府进行一系列工作。本案例中村民委员会在工作中以集体经济分红来威胁村民参加农村合作医疗的行为是违法的，违反了《村民委员会组织法》的相关规定和国家政策。

综上，在贯彻实施新型农村合作医疗制度时，一定要坚持农民自愿的原则，杜绝上述情形的产生，以便维护社会稳定，保障社会和谐。

法 律依据

《国务院办公厅转发卫生部等部门关于进一步做好新型农村合作医疗试点工作指导意见的通知》第3点。

《中华人民共和国村民委员会组织法》第2、5条。

2 已被吊销执业证书的医务人员可以回到家乡开卫生所吗？

案 件介绍

赵某，原本是×省×市×大型医院的医生。2008年，赵某在一次手术中，因自己的原因严重违反法律、法规的规定，造成了重大的医疗事故。该市卫生行政主管部门于2008年10月份吊销了赵某的执业证书。赵某觉得无法在城市混下去了，于是回到了×省×市×村的老家。赵某回去之后，村子里的人根本不知道其已经被吊销了执业证书，赵某也没有告知任何人。赵某于2008年12月在自己村里开了一个卫生所，且未经任何部门审查和批准。在2010年，赵某因为输液时未给病人及时换吊瓶，最后导致该病人身体内进入气泡，成了植物人。上级卫生行政部门在调查时发现，赵某的村卫生所根本没有登记在列，属于违法设立的村卫生所。

法律分析

《医疗机构管理条例》第15条规定："医疗机构执业，必须进行登记，领取《医疗机构执业许可证》。"根据该条规定，医疗机构进行执业必须进行登记，并且要领取《医疗机构执业许可证》，否则不具有执业资格。医疗机构是指依照《医疗机构管理条例》的规定，依法取得《医疗机构执业许可证》的机构。《医疗机构管理条例》第16条规定："申请医疗机构执业登记，应当具备下列条件：①有设置医疗机构批准书；②符合医疗机构的基本标准；③有适合的名称、组织机构和场所；④有与其开展的业务相适应的经费、设施、设备和专业卫生技术人员；⑤有相应的规章制度；⑥能够独立承担民事责任。"《医疗机构管理条例》第17条规定："医疗机构的执业登记，由批准其设置的人民政府卫生行政部门办理。按照本条例第13条规定设置的医疗机构的执业登记，由所在地的省、自治区、直辖市人民政府卫生行政部门办理。机关、企业和事业单位设置的为内部职工服务的门诊部、诊所、卫生所（室）的执业登记，由所在地的县级人民政府卫生行政部门办理。"

《医疗机构管理条例实施细则》第3条规定："医疗机构的类别：①综合医院、中医医院、中西医结合医院、民族医医院、专科医院、康复医院；②妇幼保健院；③社区卫生中心、社区卫生服务站；④中心卫生院（镇）卫生院、街道卫生院；⑤疗养院；⑥综合门诊部、专科门诊部、中医门诊部、中西医结合门诊部、民族医门诊部；⑦诊所、中医诊所、民族医诊所、卫生所、医务室、卫生保健所、卫生站；⑧村卫生室（所）；⑨急救中心、急救站；⑩临床检验中心；⑪专科疾病防治院、专科疾病防治所、专科疾病防治站；⑫护理院、护理站；⑬其他诊疗机构。"第4条规定："卫生防疫、国境卫生检疫、医学科研和教学等机构在本机构业务范围之外开展诊疗活动以及美容服务机构开展医疗美容业务的，必须依据条例及本细则，申请设置相应类别的医疗机构。"第5条："中国人民解放军和中国人民武装警察部队编制外的医疗机构，由地方卫生行政部门按照条例和本细则管理。中国人民解放军后勤卫生主管部门负责向地方卫生行政部门提供军队编制外医疗机构的名称和地址。"由此可以看出，村卫生所或村卫生室是属于医疗机构的，所以广大农民朋友们，针对来村里开办诊所的医生和其他人员，一定要注意该村卫生所或卫生室是否有执业资格。

《医疗机构管理条例实施细则》第12条规定："有下列情形之一的，不得申请设置医疗机构：①不能独立承担民事责任的单位；②正在服刑或者不具有完全民事行为能力的个人；③医疗机构在职、因病退职或者停薪留职的医务人员；④发生二级以上医疗事故未满五年的医务人员；⑤因违反有关法律、法规和规章，已被吊销执业证书的医务人员；⑥被吊销《医疗机构执业许可证》的医疗机构法定代表人或者主要负责人；⑦省、自治区、直辖市政府卫生行政部门规定的其他情形。有前款②、③、④、⑤、⑥项所列情形之一者，不得充任医疗机构的法定代表人或者主要负责人。"由此可以得出，因违反有关法律、法规和规章，已被吊销执业证书的医务人员是无法独立申请设置医疗机构的，也就不可以再胜任救死扶伤这一神圣职务。

在本案例中，赵某是没有申请执业登记的，违反了相关法律。村卫生所或卫生室是属于医疗机构的，而医疗机构执业必须要进行登记。赵某在该村设立村卫生所必须经过由批准其设置的人民政府卫生行政部门办理登记，而不能随便找个场所就营业，这种不顾广大农民生命健康的行为是不道德的。同时赵某也没有资格申请设置医疗机构。赵某在一次手术中，完全因为自身原因，造成了重大医疗事故，严重违反法律、法规的规定。该市卫生行政部门已吊销了赵某的执业证书，赵某已无执业证书，医务人员资格被依法剥夺。综上，依据上述有关规定，已被吊销执业证书的医务人员不得申请设置医疗机构，也就是赵某不得设立村卫生所。

法津依据

《医疗机构管理条例》第15、16、17条。
《医疗机构管理条例实施细则》第3、4、5、12条。

3 未取得执业医师资格的人可以作为乡村医生执业吗？

案件介绍

×省×村村民李某是2003年之前该村的乡村医生，有乡村医生证书，但一直没有取得中等以上医学专业学历。由于王某在该村已经连续工作了25年，大家都认为李某医学经验丰富，而且作为乡村医生，李某医德高尚，几乎没有出现过什么错误。2003年8月5日，国务院颁布了《乡村医生从业管理条例》。2003年年底，李某在给村民张某看病时，张某认为李某故意开了很贵的药。于是，张某伺机报复。他认为，根据新的《乡村医生从业管理条例》，李某不符合该条例的规定；而且作为一个医生，无论是乡村医生还是城市医生，都应当具备医生资格和医生执业资格，也就是说李某应当具备执业医师资格。李某认为自己并没有违反法律的规定，自己已经在农村行医这么多年，而且没有出现过任何差错，为何突然变成了不合法的医生？张某蛊惑不明真相的部分村民向村民委员会反映情况，要求村民委员会驱赶李某。村民委员会认为像这种情况，不宜任意作出决定，应当按照法律的规定办事。于是，该村民委员会认真研读了法律的相关规定，认为张某等村民的要求实属无理，最终认定李某是合法行医。

法津分析

《乡村医生从业管理条例》第 9 条规定："国家实行乡村医生执业注册制度。县级人民政府卫生行政主管部门负责乡村医生执业注册工作。"

《乡村医生从业管理条例》第 10 条规定："本条例公布前的乡村医生，取得县级以上地方人民政府卫生行政主管部门颁发的乡村医生证书，并符合下列条件之一的，可以向县级人民政府卫生行政主管部门申请乡村医生执业注册，取得乡村医生执业证书后，继续在村医疗卫生机构执业：①已经取得中等以上医学专业学历的；②在村医疗卫生机构连续工作 20 年以上的；③按照省、自治区、直辖市人民政府卫生行政主管部门制定的培训规划，接受培训取得合格证书的。"

第 11 条规定："对具有县级以上地方人民政府卫生行政主管部门颁发的乡村医生证书，但不符合本条例第 10 条规定条件的乡村医生，县级人民政府卫生行政主管部门应当进行有关预防、保健和一般医疗服务基本知识的培训，并根据省、自治区、直辖市人民政府卫生行政主管部门确定的考试内容、考试范围进行考试。前款所指的乡村医生经培训并考试合格的，可以申请乡村医生执业注册；经培训但考试不合格的，县级人民政府卫生行政主管部门应当组织对其再次培训和考试。不参加再次培训或者再次考试仍不合格的，不得申请乡村医生执业注册。本条所指的培训、考试，应当在本条例施行后 6 个月内完成。"

第 12 条规定："本条例公布之日起进入村医疗卫生机构从事预防、保健和医疗服务的人员，应当具备执业医师资格或者执业助理医师资格。不具备前款规定条件的地区，根据实际需要，可以允许具有中等医学专业学历的人员，或者经培训达到中等医学专业水平的其他人员申请执业注册，进入村医疗卫生机构执业。具体办法由省、自治区、直辖市人民政府制定。"

由此可以得出，在该条例公布前的乡村医生，取得了县级以上地方人民政府卫生行政主管部门颁发的乡村医生证书，只要符合第 10 条规定的三种情形之一，就可以向县级人民政府卫生行政主管部门申请乡村医生执业注册，取得乡村医生执业证书后，可以继续在村医生医疗卫生机构进行执业。对于在《乡村医生从业管理条例》公布之日起进入乡村医疗卫生机构从事预防、保健和医疗服务的人员，应当具备执业医师资格或者执业助理医师资格。

在本案例中，李某是 2003 年之前的乡村医生，判断李某是否可以在《乡村医生从业管理条例》公布之日后继续执业，需要看王某是否符合上述三种情形之一。根据本案案情，李某有乡村医生证书且在该村已经连续工作了 25 年，符合在村医疗卫生机构连续工作 20 年以上的情形。所以，李某只需要向县级人民政府的卫生行政部门申请乡村医生执业注册，取得乡村医生执业证书后就可以继续执业。

法津依据

《乡村医生从业管理条例》第 9、10、11、12 条。

4 17周岁有自己的劳动收入作为主要生活来源的张某申请乡村医生执业注册，是否予以注册？

案件介绍

张某为 ×省×市×县×村的村民，2008 年张某年满 17 周岁。2007 年在张某 16 周岁时，他就到该县一个医药销售公司当销售员，月工资 2000 元左右。张某完全以这些劳动收入作为自己的主要生活来源，且其生活有充分的保障。2007 年底，张某考取了执业医师资格。2008 年张某回到自己的村里，并向县级人民政府的卫生部门申请乡村医生执业注册。该县卫生局认为，张某的年龄才 17 周岁，未成年，不具备一般成年人的执业能力和素质，于是对于张某不予注册。张某认为，自己已经在县城某医药销售公司工作了一年，有一定的工作经验，并且自己马上就 18 周岁了，也已经具备了执业医师资格，县卫生局应当灵活处理，予以注册，不能搞一刀切。县卫生局最终答复："你虽然已经 17 周岁了，但是没有达到法定年龄，根据有关法律的规定，我们对你的申请不予批准。"张某不服，向法院提起了行政诉讼。

法津分析

《乡村医生从业管理条例》第 9 条规定："国家实行乡村医生执业注册制度。县级人民政府卫生行政主管部门负责乡村医生执业注册工作。"由此可以得出我国实行乡村医生执业注册制度，但并不是任何申请乡村医生执业的人都会得到批准并予以注册。

《乡村医生从业管理条例》第 13 条规定:"符合本条例规定申请在村医疗卫生机构执业的人员,应当持村医疗卫生机构出具的拟聘用证明和相关学历证明、证书,向村医疗卫生机构所在地的县级人民政府卫生行政主管部门申请执业注册。县级人民政府卫生行政主管部门应当自受理申请之日起 15 日内完成审核工作,对符合本条例规定条件的,准予执业注册,发给乡村医生执业证书;对不符合本条例规定条件的,不予注册,并书面说明理由。"《乡村医生从业管理条例》第 15 条规定:"乡村医生经注册取得执业证书后,方可在聘用其执业的村医疗卫生机构从事预防、保健和一般医疗服务。未经注册取得乡村医生执业证书的,不得执业。"

依据上述规定,在该案例中,张某认为自己符合《乡村医生从业管理条例》的申请条件,可以持村医疗卫生机构出具的聘用证明以及自己的医学学历证明、证书等,向县卫生局申请执业注册。县卫生局应当在受理申请之日起 15 日内完成审核,作出准予或不准予的决定。如果张某符合条件,县卫生局应当准予注册并发给乡村医生执业证书;如果张某不符合条件,县卫生局应当书面作出不予注册的理由。

《乡村医生从业管理条例》第 14 条规定:"乡村医生有下列情形之一的,不予注册:①不具有完全民事行为能力的;②受刑事处罚,自刑罚执行完毕之日起至申请执业注册之日止不满 2 年的;③受吊销乡村医生执业证书行政处罚,自处罚决定之日起至申请执业注册之日止不满 2 年的。"其中不予注册的一个情形是不具有完全民事行为能力。所谓完全民事行为能力是指可以完全独立地进行民事活动,通过自己的行为享有民事权利和承担民事义务的资格。《中华人民共和国民法通则》(以下简称《民法通则》)第 11 条规定:"18 周岁以上的公民是成年人,具有完全民事行为能力,可以独立进行民事活动,是完全民事行为能力人。16 周岁以上不满 18 周岁的公民，以自己的劳动收入为主要生活来源的，视为完全民事行为能力人。"在本案中，张某已年满 17 周岁，并以自己的收入作为主要生活来源，且生活有充分的保障，其显然属于完全民事行为能力人。在张某已经取得执业医生资格的情况下，张某是可以申请乡村医生执业注册。张某针对县卫生局不予注册的情形，为了维护自己的合法权益，可以以县卫生局为被告，提起行政诉讼。

法 律依据

《乡村医生从业管理条例》第 9、13、14、15 条。
《中华人民共和国民法通则》第 11 条。

5 被判处有期徒刑刑满释放的人员可以立即申请乡村医生执业注册吗？

案 件介绍

王某是×省×县×村的村民，2005 年 7 月，王某因盗窃罪被当地人民法院判处有期徒刑 4 年。2009 年 7 月，王某刑满释放。刑满释放后，王某想重新做人。王某原本学医出身，于是 2010 年底向该县人民政府的卫生行政主管部门申请乡村医生执业注册。该县人民政府接受申请后，未认真审核王某的各项情况，只是简单地审核了基本的书面材料即批准了王某的申请并予以注册。王某被批准后，被该村的村卫生所聘为乡村医疗人员，成为执业医师。但是，该村村民认为，王某犯过罪，怎么能为群众看病呢？该村的一些村民认为王某是否被改造好个很大的问题，对王某的不信任感越来越强烈。有的村民向县政府有关部门进行反映，得到的回应是："王某已经服刑完毕，已经不是罪犯。再说，王某想为你们村做点事，并且王某也无其他生活来源，你们村民应该给王某一个重新融入社会的机会。"但是大部分村民对此仍然表示不服，也拒绝到该村卫生所就医看病。不得已，该村卫生所不得不解雇了王某。

法律分析

《乡村医生从业管理条例》第9条规定："国家实行乡村医生执业注册制度。县级人民政府卫生行政主管部门负责乡村医生执业注册工作。"由此可以得出，法律明文规定，国家实行乡村医生执业注册制度。但是，并不是任何申请乡村医生执业注册的人都会得到批准并予以注册的。

《乡村医生从业管理条例》第13条规定："符合本条例规定申请在村医疗卫生机构执业的人员，应当持村医疗卫生机构出具的拟聘用证明和相关学历证明、证书，向村医疗卫生机构所在地的县级人民政府卫生行政主管部门申请执业注册。县级人民政府卫生行政主管部门应当自受理申请之日起15日内完成审核工作，对符合本条例规定条件的，准予执业注册，发给乡村医生执业证书；对不符合本条例规定条件的，不予注册，并书面说明理由。"在该案例中，王某认为自己符合《乡村医生从业管理条例》的申请条件，可以持村医疗卫生机构出具的聘用证明以及自己的医学学历证明、证书等，向县卫生局申请执业注册。县卫生局应当在受理申请之日起15日内完成审核，作出准予或不准予的决定。如果申请者符合条件，县卫生局应当准予注册并发给乡村医生执业证书；如果申请者不符合条件，县卫生局应当书面作出不予注册的理由。

《乡村医生从业管理条例》第14条规定："乡村医生有下列情形之一的，不予注册：①不具有完全民事行为能力的；②受刑事处罚，自刑罚执行完毕之日起至申请执业注册之日止不满2年的；

③受吊销乡村医生执业证书行政处罚，自处罚决定之日起至申请执业注册之日止不满2年的。"该条的第2项规定受刑事处罚，自刑罚执行完毕之日起至申请执业注册之日止不满2年的，不予注册。

在本案中，王某2005年7月被人民法院判处有期徒刑4年，2009年7月刑满释放。根据《乡村医生从业管理条例》第14条规定，2009年7月至2011年7月，王某不得向县级人民政府卫生行政部门申请乡村医生执业注册。即便王某在2010年底提出了乡村医生执业注册的申请，县卫生局也应当不予注册，并且书面告知理由。

在本案例中需要注意的有两点：其一，国家机关要严格按照法律规定的程序办事，否则将会损害法律的尊严，降低法律的威信；其二，假如本案例中的王某符合申请条件，但是大部分村民不接受，在说服该村村民的同时，一定要加强普法教育工作，提高广大农民的法律意识。

法律依据

《乡村医生从业管理条例》第9、13、14条。

---

6 医务人员"失踪"后，原注册的卫生行政主管部门可以注销其执业注册并收回其乡村医生执业证书吗？

案件介绍

赵某原是×省×县×村村卫生所的一名医务人员，2005年5月注册了乡村医生执业。2007年赵某欠邻村张某5万元，张某多次上门讨债。赵某经常锁门不见，张某只得上该村的卫生所找赵某讨债。赵某没钱还债，决定离开村子躲避张某。赵某于 2008 年 5 月偷偷离开了该村，不知去向。因为乡村医生执业证书有效期为 5 年，按照法律的规定，赵某应当在有效期满前 3 个月申请再注册，即 2010 年 2 月向原注册的卫生行政主管部门再申请重新注册。但是，直到 2010 年 5 月赵某的乡村执业证书到期后，原注册的县卫生局也没有收到赵某的再申请。于是，原注册的县卫生局以赵某失踪为由决定注销赵某的执业注册，收回赵某的乡村医生执业证书。

法律分析

《乡村医生从业管理条例》第 9 条规定："国家实行乡村医生执业注册制度。县级人民政府卫生行政主管部门负责乡村医生执业注册工作。"第 15 条规定："乡村医生经注册取得执业证书后，方可在聘用其执业的村医疗卫生机构从事预防、保健和一般医疗服务。未经注册取得乡村医生执业证书的，不得执业。"第 16 条规定："乡村医生执业证书有效期为 5 年。乡村医生执业证书有效期满需要继续执业的，应当在有效期满前 3 个月申请再注册。县级人民政府卫生行政主管部门应当自受理申请之日起 15 日内进行审核，对符合省、自治区、直辖市人民政府卫生行政主管部门规定条件的，准予再注册，换发乡村医生执业证书；对不符合条件的，不予再注册，由发证部门收回原乡村医生执业证书。"由此可以得出，我国法律明文规定乡村医生实行执业注册制度，同时乡村医生执业注册不是一次注册终生就不再注册，而是有一定的期限，即 5 年的有效期满前 3 个月需要再次申请并进行注册。

《乡村医生从业管理条例》第 18 条规定："乡村医生有下列情形之一的，由原注册的卫生行政主管部门注销执业注册，收回乡村医生执业证书：①死亡或者被宣告失踪的；②受刑事处罚的；③中止执业活动满 2 年的；④考核不合格，逾期未提出再次考核申请或者经再次考核仍不合格的。"依据此条规定，乡村医生有上述四种情形之一的，原注册的卫生行政主管部门可以注销执业注册，收回乡村医生执业证书。

在该案例中，县卫生局以赵某失踪为由决定注销赵某的执业注册，是否符合该条例第18条第1项的规定？

《民法通则》第20规定："公民下落不明满2年的，利害关系人可以向人民法院申请宣告他为失踪人。战争期间下落不明的，下落不明的时间从战争结束之日起计算。"最高人民法院《关于贯彻执行〈中华人民共和国民法通则〉若干问题的意见（试行）》第24条规定："申请宣告失踪的利害关系人，包括被申请宣告失踪人的配偶、父母、子女、兄弟姐妹、祖父母、外祖父母、孙子女、外孙子女以及其他与被申请人有民事权利义务关系的人。"第34条规定："人民法院审理宣告失踪的案件，比照民事诉讼法（试行）规定的特别程序进行。人民法院审理宣告失踪的案件，应当查清被申请宣告失踪人的财产，指定临时管理人或者采取诉讼保全措施，发出寻找失踪人的公告，公告期间为半年。公告期间届满，人民法院根据被宣告失踪人失踪的事实是否得到确认，作出宣告失踪的判决或者终结审理的裁定。如果判决宣告为失踪人，应当同时指定失踪人的财产代管人。"

依据以上规定可以得出，所谓宣告失踪是指经过利害关系人的申请，由人民法院对下落不明满一定期限的人宣告为失踪人的制度。宣告失踪必须具备以下四个条件：一是有下落不明的事实；二是下落不明必须满2年；三是必须由利害关系人向人民法院提出申请；四是必须经过人民法院依照法定程序宣告失踪，任何单位和个人没有此项权利。

在本案例中，赵某为了躲避张某追债而偷偷离开该村，虽然不知去向两年多，但没有下落不明的事实，也没有其利害关系人

17

向人民法院申请，且人民法院也没有宣告赵某失踪，因此赵某不是法律意义上的"被宣告失踪的"人员。由此可以得出原注册的县卫生局以赵某失踪为由决定注销赵某的执业注册，是没有法律依据的。但是赵某符合《乡村医生从业管理条例》第18条第3款的规定，原注册的县卫生局可以赵某"中止执行活动满两年"为由作出注销赵某的执业注册的决定，从而收回赵某的乡村医生执业证书。

法 律依据

《乡村医生从业管理条例》第9、15、16、18条。

《中华人民共和国民法通则》第20条。

最高人民法院《关于贯彻执行〈中华人民共和国民法通则〉若干问题的意见（试行）》第24、34条。

7 乡村医生超出自己的执业范围私自买卖药品营利，是否被允许？

案 件介绍

王某，是×省×县×村村卫生所聘用的一般医疗人员。根据该卫生所的规章和聘用合同，王某主要负责群众的健康预防、保健和一般的医疗服务。但是，王某认为这样工资太低，根本满足不了自己和家庭的生活需要。于是，王某私自从该县一家医药药品零售公司买进了一批所谓的健康营养粉，单价是每盒13元。王某在一段时间内，对任何病人都极力地推销这种产品，并且以单价25元每盒的价格卖给村民。令人质疑的是，无论是什么病人，无论病人得了什么病，王某都会在开的药方上加上这种营养粉。有的病人在看病时，问王某："这种健康粉对我起什么作用？我不需要!"王某说:"这是提高身体免疫力的,无论你得了什么病,其实都是因为你身体免疫力下降造成的。你如果单吃治病的药,你的病肯定好得慢!你在吃药的同时,搭配这种健康营养粉,病肯定好得很快!"后来,这种健康营养粉被县工商局和卫生局查处,因为该健康营养粉根本不是什么保健品,而是由劣质的人造奶粉添加了很少比例的维生素配置而成的。村民在得知县工商局和卫生局查处健康营养粉后,找到了王某要求其返还购买的健康营养粉的钱,王某拒不还钱。有的村民将这一情况反映了县卫生局,要求县卫生局对王某作出一定的处罚并赔偿自己的损失。

法 律分析

我国对乡村医生实行执业注册制度,因此对乡村医生进行了一定的监督和管理。乡村医生在享有权利的同时,也要承担一定的义务。《乡村医生从业管理条例》第23条规定:"乡村医生在执业活动中享有下列权利:①进行一般医学处置,出具相应的医学证明;②参与医学经验交流,参加专业学术团体;③参加业务培训和教育;④在执业活动中,人格尊严、人身安全不受侵犯;⑤获取报酬;⑥对当地的预防、保健、医疗工作和卫生行政主管部门的工作提出意见和建议。"这是乡村医生享有的权利。

《乡村医生从业管理条例》第24条规定:"乡村医生在执业活动中应当履行下列义务:①遵守法律、法规、规章和诊疗护理技术规范、常规;②树立敬业精神,遵守职业道德,履行乡村医生职责,为村民健康服务;③关心、爱护、尊重患者,保护患者的隐私;④努力钻研业务,更新知识,提高专业技术水平;⑤向村民宣传卫生保健知识,对患者进行健康教育。"第25条规定:"乡村医生应当协助有关部门做好初级卫生保健服务工作;按照规定及时报告传染病疫情和中毒事件,如实填写并上报有关卫生统计报表，妥善保管有关资料。"第 26 条规定："乡村医生在执业活动中，不得重复使用一次性医疗器械和卫生材料。对使用过的一次性医疗器械和卫生材料，应当按照规定处置。"第 27 条规定："乡村医生应当如实向患者或者其家属介绍病情，对超出一般医疗服务范围或者限于医疗条件和技术水平不能诊治的病人，应当及时转诊；情况紧急不能转诊的，应当先行抢救并及时向有抢救条件的医疗卫生机构求助。"第 28 条规定："乡村医生不得出具与执业范围无关或者与执业范围不相符的医学证明，不得进行实验性临床医疗活动。"这是乡村医生承担的义务。

《乡村医生从业管理条例》第 29 条规定："省、自治区、直辖市人民政府卫生行政主管部门应当按照乡村医生一般医疗服务范围，制定乡村医生基本用药目录。乡村医生应当在乡村医生基本用药目录规定的范围内用药。"由此可以得出，乡村医生一定要树立敬业精神、遵守执业道德、履行乡村医生职责，不得任意超出自己的执业范围而接受职业范围以外的医疗手术，或者经营其他基本药物之外的药品、保健品。如果违反规定使用乡村医生基本用药目录以外的处方药品，法律对此作出了明确的规定。《乡村医生从业管理条例》第 38 条规定："乡村医生在执业活动中，违反本条例规定，有下列行为之一的，由县级人民政府卫生行政主管部门责令限期改正，给予警告；逾期不改正的，责令暂停 3 个月以上 6 个月以下执业活动；情节严重的，由原发证部门暂扣乡村医生执业证书：①执业活动超出规定的执业范围，或者未按照规定进行转诊的；②违反规定使用乡村医生基本用药目录以外的处方药品的；③违反规定出具医学证明，或者伪造卫生统计资料的；④发现传染病疫情、中毒事件不按规定报告的。"

在本案中，王某作为该村村卫生所聘用的一般医疗人员，主要负责群众的健康预防、保健和一般的医疗服务。根据该卫生所的规章和岗位要求，王某应当遵守自己的职业道德、认真履行自己的职责，为该村村民的健康服务，不得任意超出自己的执业范围进行执业或者营业。然而王某却利用自己在卫生所工作的便利，强行搭售自己购进的健康营养粉，并且是低价购进高价卖出，其行为不仅违背了自己的职业道德，而且违反了相关法律的规定，应当受到法律的制裁。王某不得任意搭售自己购进的健康营养粉作为药物，其用药应当在乡村医生基本用药目录规定的范围内。根据上述法律的规定，县级人民政府卫生行政主管部门责令王某限期改正，给予警告；如果王某逾期不改正的，县级人民政府卫生行政主管部门责令暂停 3 个月以上 6 个月以下执业活动；情节严重的，由原发证部门暂扣乡村医生执业证书。

法律依据

《乡村医生从业管理条例》第 23、24、25、26、27、28、29、38 条。

---

8 村民就医回家疗养后又意外发生损害导致残疾，此种情况是否属于医疗事故？

案件介绍

×省×村村民张某于 2007 年 10 月爬山游玩过程中，不小心滚落山坡，摔伤脚踝，无法独立行走。其朋友赵某搀扶张某到附近的医院就诊治疗。经医生认真诊断发现张某扭伤脚踝，小腿骨折。医生对张某按照正常的治疗程序认真治疗，并固定了张某的小腿。张某在医院休养了 3 周后，医生认为其伤情稳定，建议张某回家慢慢静养，并叮嘱张某不能做大幅度的活动。张某回到家中按照医生的嘱托认真休养。2007 年 12 月 10 日，张某觉得自己恢复得差不多了，就在妻子的搀扶下锻炼走了 20 分钟。意外的是，张某再次摔倒，且摔得比较厉害，其骨折处再次严重挫伤。事后，张某成了跛脚，走路一直不好。张某认为，该医院对自己的治疗和嘱托不够认真负责，造成了自己的残疾，医院应该承担责任。

法律分析

在本案例中医院是否对张某进行赔偿，关键要考虑是否构成医疗事故。如果构成医疗事故，就要进行赔偿；反之就不予赔偿。《医疗事故处理条例》第 2 条规定："本条所称医疗事故，是指医疗机构及其医务人员在医疗活动中，违反医疗卫生管理法律、行政法规、部门规章和诊疗护理规范、常规，过失造成患者人身损害的事故。"对于医疗事故，我们主要从以下方面进行认定。

第一，医疗事故的主体问题。根据有关法律的规定，医疗事故的主体是医疗机构及其医务人员。一般来说，这些医疗机构和医务人员必须是经过考核和卫生行政机关批准或承认并取得相应资格的医疗机构及其医务人员。但是不限于此，还包括从事医疗管理、后勤服务的人员。另外，根据有关规定，县级以上城市从事计划生育技术服务的机构也可成为医疗事故的主体。《医疗事故处理条例》第 60 条规定："本条例所称医疗机构，是指依照《医疗机构管理条例》的规定取得《医疗机构执业许可证》的机构。县级以上城市从事计划生育技术服务的机构依照《计划生育技术服务管理条例》的规定开展与计划生育有关的临床医疗服务，发生的计划生育技术服务事故，依照本条例的有关规定处理；但是，其中不属于医疗机构的县级以上城市从事计划生育技术服务的机构发生的计划生育技术服务事故，由计划生育行政部门行使依照本条例有关规定由卫生行政部门承担的受理、交由负责医疗事故技术鉴定工作的医学会组织鉴定和赔偿调解的职能；对发生计划生育技术服务事故的该机构及其有关责任人员，依法进行处理。"军队医疗机构也可以成为医疗事故的主体，但在处理时适用另行的规定，即由中国人民解放军卫生主管部门会同国务院卫生行政部门依据《医疗事故处理条例》制定的规定。《医疗事故处理条例》第62条规定："军队医疗机构的医疗事故处理办法，由中国人民解放军卫生主管部门会同国务院卫生行政部门依据本条例制定。"

第二，医疗事故发生的阶段问题。医疗事故必须发生在医疗活动中，即诊疗护理工作中，也包括为此服务的后勤和管理工作中。也就是说，医疗事故必须发生在医务人员正常的工作期间，包括诊疗、护理、服务等各个阶段，且在本人的工作职责范围内、在医疗机构的指定场所进行的医疗工作中。如果医务人员不是在从事医疗活动中因违规行为造成患者人身损害，或者患者因为自己的行为导致的损害就不属于医疗事故。

第三，在医疗事故中医疗事故的主体必须要有违法行为。这种违法行为是指违反卫生管理法律、行政法规、部门规章和诊疗护理规范、常规的行为。也就是说，在一个涉及医疗事故的事件中，医疗主体必须违反了法律、法规、规章或其他规范的规定。如果在一个事件中，医疗主体没有任何违法行为，那就不构成医疗事故。

第四，对于医疗主体的主观要求问题。医疗事故中要求医疗主体对患者造成的人身损害主观上必须是过失的。也就是说，医疗主体并不是故意造成患者伤害，如果故意造成患者伤害的话，那就不是医疗事故了，而可能构成犯罪，如故意伤害罪或者故意杀人罪。违法行为不一定是犯罪行为，医疗事故是因一般的违法行为过失的造成了患者的损害。

第五，医疗事故给患者造成了人身损害。也就是说，如果构成了医疗事故的话，那么患者一定具有了人身损害。人身损害包括造成死亡、健康损害以及身体损害等。

第六，损害行为与人身损害结果之间必须具有因果关系。也就是说，患者的人身损害与医疗机构及其医务人员的过失行为必须具有因果关系，才能确定医疗机构及其医务人员承担法律责任。

在本案中，村民张某在爬山过程中摔倒后去附近医院就医的过程中，医生认真负责，细心治疗，完全按照法定的、科学的医疗程序对张某进行了治疗，并没有任何违反卫生管理法律、行政法规、部门规章和诊疗护理规范、常规的行为。张某 2007 年 12 月 10 日之所以发生人身损害，是因为自己在家中的严重摔伤行为所造成的，与医疗行为没有任何因果关系。并且，张某的这次摔伤行为完全是在上一次的医疗活动结束后所发生的损害。

综上，张某的这次事故是自己的原因造成的事故，根本不属于医疗事故。事实上，张某基于自己仍然处于身体康复期而主张自己摔伤属于医疗事故的做法是不正确的，因为根据上述分析，张某是由于自己的行为造成事故，因而该风险需要由其自己承担，而不是让别人买单。

法律依据

《医疗事故处理条例》第 2、60、62 条。

9 不属于医疗事故，医院是否就不需要承担责任？

案件介绍

2010 年 9 月 10 日上午，×省×县×村村民李某入住县医院待产，经该医院值班医生检查李某身体正常。下午两点左右，李某胎膜破裂，即将分娩。医生经过诊断建议剖宫手术分娩，李某及其家人同意。于是，双方签订了《手术协议书》，同意用剖腹产手术分娩婴儿，对其他诸如手术的必要性、手术中的可能意外以及可能发生的并发症做了说明。但是，主治医师在手术时，决定改用胎吸助产。下午四点左右，李某生下一男婴。但是男婴诞生后，呼吸微弱，生命迹象衰微。主治医生等立即组织紧急抢救。后经治疗无效，男婴于晚上七点左右死亡。事后，李某及其丈夫向市医疗事故技术鉴定委员会申请鉴定，后该鉴定委员会作出不属于医疗事故的鉴定。李某及其丈夫不服，又向省医疗事故技术鉴定委员会申请鉴定，该委员会仍作出不属于医疗事故的认定。最后，不得已，李某及其丈夫与医院协商赔偿事宜，医院根本不承认自己有任何过失或错误，于是李某将该医院诉诸法院，要求该医院赔偿其经济损失和精神损失共计 70 万元。

法律分析

针对有关医疗的案件，首先必须要明确医院与患者之间形成了何种关系。对于医院与患者之间的纠纷，一般而言就是合同纠纷和侵权纠纷。医院在对患者进行医疗服务时，一般会有医疗合同或者形成合同关系，这是毋庸置疑的。如果医院及其医务人员违反法律规定，过失给患者造成了人身伤害的话，就构成了侵权关系。患者可以根据具体的情况，选择有利于自己的救济途径，或者以合同纠纷为名，或者按侵权纠纷来处理。

《医疗事故处理条例》第 2 条规定："本条所称医疗事故，是指医疗机构及其医务人员在医疗活动中，违反医疗卫生管理法律、行政法规、部门规章和诊疗护理规范、常规，过失造成患者人身损害的事故。"医疗事故的认定需要进行鉴定，不是随随便便就能认定的。本案例经过认定并不属于医疗事故。但是在本案例的情形下，患者应该选择怎样的救济方式比较有利呢？

《侵权责任法》第 54 条规定："患者在诊疗活动中受到损害，医疗机构及其医务人员有过错的，由医疗机构承担赔偿责任。"第 56 条规定："因抢救生命垂危的患者等紧急情况，不能取得患者或者其近亲属意见的，经医疗机构负责人或者授权的负责人批准，可以立即实施相应的医疗措施。"第 57 条规定："医务人员在诊疗活动中未尽到与当时的医疗水平相应的诊疗义务，造成患者损害的，医疗机构应当承担赔偿责任。"第 58 条规定："患者有损害，因下列情形之一的，推定医疗机构有过错：①违反法律、行政法规、规章以及其他有关诊疗规范的规定；②隐匿或者拒绝提供与纠纷有关的病历资料；③伪造、篡改或者销毁病历资料。"第 59 条规定："因药品、消毒药剂、医疗器械的缺陷，或者输入不合格的血液造成患者损害的，患者可以向生产者或者血液提供机构请求赔偿，也可以向医疗机构请求赔偿。患者向医疗机构请求赔偿的，医疗机构赔偿后，有权向负有责任的生产者或者血液提供机构追偿。"第 60 条规定："患者有损害，因下列情形之一的，医疗机构不承担赔偿责任：①患者或者其近亲属不配合医疗机构进行符合诊疗规范的诊疗；②医务人员在抢救生命垂危的患者等紧急情况下已经尽到合理诊疗义务；③限于当时的医疗水平难以诊疗。前款第一项情形中，医疗机构及其医务人员也有过错的，应当承担相应的赔偿责任。"第 61 条规定："医疗机构及其医务人员应当按照规定填写并妥善保管住院志、医嘱单、检验报告、手术及麻醉记录、病理资料、护理记录、医疗费用等病历资料。患者要求查阅、复制前款规定的病历资料的，医疗机构应当提供。"第 62 条规定："医疗机构及其医务人员应当对患者的隐私保密。泄露患者隐私或者未经患者同意公开其病历资料，造成患者损害的，应当承担侵权责任。"第 63 条规定："医疗机构及其医务人员不得违反诊疗规范实施不必要的检查。"第64条规定："医疗机构及其医务人员的合法权益受法律保护。干扰医疗秩序,妨害医务人员工作、生活的,应当依法承担法律责任。"

在本案中,李某有两种救济途径:其一,发生在李某身上的事件虽然被市医疗事故技术鉴定委员会和省医疗事故技术鉴定委员会鉴定为不属于医疗事故,但是依据《侵权责任法》第55条的规定,患者在诊疗活动中受到损害,医疗机构及其医务人员有过错的,由医疗机构承担赔偿责任。医务人员在诊疗活动中应当向患者说明病情和医疗措施。需要实施手术、特殊检查、特殊治疗的,医务人员应当及时向患者说明医疗风险、替代医疗方案等情况,并取得其书面同意;不宜向患者说明的,应当向患者的近亲属说明,并取得其书面同意。医务人员未尽到前款义务,造成患者损害的,医疗机构应当承担赔偿责任。其二,李某可以通过违约之诉要求医院承担赔偿责任。李某在住进该院时,李某与医院签订了《手术协议书》,约定采用剖腹产手术分娩婴儿,但是医院在未告知李某及其家人的情况下擅自改变了手术方式,明显违反了合同约定。《合同法》第60条规定:"当事人应当按照约定全面履行自己的义务。当事人应当遵循诚实信用原则,根据合同的性质、目的和交易习惯履行通知、协助、保密的义务。"第107条规定:"当事人一方不履行合同义务或者履行合同义务不符合约定的,应当承担继续履行、采取补救措施或者赔偿损失等违约责任。"由此可以看出,李某也可以要求医院承担违约责任。

综上,李某可以以侵权之诉,要求医院承担侵权责任,或者选择违约之诉要求医院承担违约责任,但是二者必须选择其一,不得同时提出。李某可以在权衡利弊之后做出自己的选择,以便充分维护自己的合法权益。

法律依据

《医疗事故处理条例》第2条。

《中华人民共和国侵权责任法》第54~64条。

《中华人民共和国合同法》第60、107条。

10 医院可以通过一定的"公关工作"干预医疗事故等级的鉴定工作吗?

案件介绍

×省×县×村的一农村妇女谢某,尚未生育子女。2010年去当地县人民医院检查身体时,医院的医务人员发现谢某的下腹内有一异物。经过拍摄X光检查后发现,是一肿瘤,有病变的可能性。医生诊断后,建议谢某通过手术摘除这一肿瘤。谢某考虑之后,听从了医生的建议。医生通过手术,顺利的摘除了这一肿瘤。谢某在医院待了10天后,就回家了。其后谢某开始时不时地肚子疼痛。一个月后,谢某无缘无故地突然晕倒在家。谢某被家人立即送到县人民医院,经过X光透射,发现谢某肚内遗留有一把小手术刀,该手术刀已经把谢某子宫划破一个很大的口子,子宫大部分缺失;且一侧卵巢也被此手术刀完全划裂,以后难以怀孕生育。后经过调查,发现是在谢某上次摘除肿瘤手术中,医生不小心遗留在谢某体内的。医院愿意赔偿谢某,并和谢某及其家属商量私了。医院通过"做工作"后,经专家组鉴定该事故为三级丁等医疗事故。医院就按照低标准赔偿了谢某。谢某不懂三级丁等医疗事故意味着什么,于是询问有关人士,得知医疗事故等级是与赔偿直接挂钩的,而且按照谢某的实际情况可能不是三级丁等医疗事故。谢某于是向上级人民政府卫生行政部门反映情况,请求重新鉴定。

法津分析

《医疗事故处理条例》第 4 条规定："根据对患者人身造成的损害程度，医疗事故分为四级：一级医疗事故：造成患者死亡、重度残疾的；二级医疗事故：造成患者中度残疾、器官组织损伤导致严重功能障碍的；三级医疗事故：造成患者轻度残疾、器官组织损伤导致一般功能障碍的；四级医疗事故：造成患者明显人身损害的其他后果的。具体分级标准由国务院卫生行政部门制定。"依据该条例的规定，医疗事故是分等级的，这是根据现实的具体情况进行的科学划分。根据对患者造成的损害程度，医疗事故分为四级，每一级医疗事故都有相应的标准。另外具体分级标准由国务院卫生行政部门制定，即卫生部通过的《医疗事故分级标准（试行）》，该标准详细规定了四级医疗事故的具体情形，并且规定了此标准中医疗事故一级乙等至三级戊等对应伤残等级一至十级。

《医疗事故分级标准（试行）》第二部分规定："二级乙等医疗事故：存在器官缺失、严重缺损、严重畸形情形之一，有严重功能障碍，可能存在特殊医疗依赖，或生活大部分不能自理。例如造成患者下列情形之一的：①重度智能障碍；②单眼球摘除或经客观检查证实无光感，另眼球结构损伤，闪光视觉诱发电位（VEP）P100 波潜时延长 > 160ms（毫秒），矫正视力 < 0.02，视野半径 < 5°；③双侧上颌骨或双侧下颌骨完全缺失；④一侧上颌骨及对侧下颌骨完全缺失，并伴有颜面软组织缺损大于 30cm²；⑤一侧全肺缺失并需胸改术；⑥肺功能持续重度损害；⑦持续性心功能不全，心功能四级；⑧持续性心功能不全，心功能三级伴有不能控制的严重心律失常；⑨食管闭锁，摄食依赖造瘘；⑩肝缺损

3/4，并有肝功能重度损害；⑪胆道损伤致肝功能重度损害；⑫全胰缺失；⑬小肠缺损大于3/4，普通膳食不能维持营养；⑭肾功能部分损害不全失代偿；⑮两侧睾丸、副睾丸缺损；⑯阴茎缺损或性功能严重障碍；⑰双侧卵巢缺失；⑱未育妇女子宫全部缺失或大部分缺损；⑲四肢瘫，肌力Ⅲ级（三级）或截瘫、偏瘫，肌力Ⅲ级以下，临床判定不能恢复；⑳双上肢腕关节以上缺失、双侧前臂缺失或双手功能完全丧失，不能装配假肢；㉑肩、肘、髋、膝关节中有四个以上（含四个）关节功能完全丧失；㉒重型再生障碍性贫血（Ⅰ型）。"其中就包括，未育妇女子宫全部缺失或大部分缺损。

在本案中，谢某在当地县医院的医疗诊断过程中，由于医务人员违反法律规定，过失地把手术刀遗落在其体内，给其造成了严重的身体伤害，构成了医疗事故。既然构成医疗事故，那么具体构成几级医疗事故需要由负责组织医疗事故技术鉴定工作的医学会组织专家鉴定组进行鉴定。而专家鉴定组应当依照医疗卫生管理法律、行政法规、部门规章和诊疗护理规范、常规运用医学科学原理和专门知识，独立进行医疗事故技术鉴定，以保证鉴定意见的科学性和公正性。专家鉴定组成员尤其不得接受双方当事人的财物或者其他利益，但是，在本案中，医院一方的鉴定是违反法律的，卫生行政部门应当对发生医疗事故的医疗机构和医务人员作出相应的处理。

《医疗事故处理条例》第35条规定："卫生行政部门应当依照本条例和有关法律、行政法规、部门规章的规定，对发生医疗事故的医疗机构和医务人员作出行政处理。"第55条规定："医疗机构发生医疗事故的，由卫生行政部门根据医疗事故等级和情节，给予警告；情节严重的，责令限期停业整顿直至由原发证部门吊销执业许可证，对负有责任的医务人员依照刑法关于医疗事故罪的规定，依法追究刑事责任；尚不够刑事处罚的，依法给予行政处分或者纪律处分。对发生医疗事故的有关医务人员，除依照前款处罚外，卫生行政部门并可以责令暂停 6 个月以上 1 年以下执业活动；情节严重的，吊销其执业证书。"

综上，医疗机构或者医务人员由于自己的过失，造成医疗事故的，不可以通过一定"公关工作"干预医疗事故等级的鉴定，否则，要承担相应的法律责任。

法律依据

《医疗事故处理条例》第 4、35、55 条。
《医疗事故分级标准（试行）》。

11 患者是否可以复印或复制病历、化验单等记录和其他病历资料？

案件介绍

×省×县×村村民王某去县人民医院看病，后来医院检查，李某患有胆结石，需要做手术治疗。于是双方签订了《手术同意书》等一系列医疗服务协议。该医院在给王某做手术时，由于使用了不合格的消毒器械，导致了王某手术部位严重伤感。事后经过专家组鉴定属于医疗事故，王某要求医院承担赔偿责任。该医院拒绝承担自己的责任，王某于是将该医院告上法庭。在王某向医院要求复制、复印病历、化验单、手术同意书等病历资料时，该医院拒绝，并说医院没有这些病历资料。实际上，该医院拥有这些病历资料，但拒绝了李某的要求。

法津分析

医疗机构有没有义务书写并妥善保管病历资料,在患者要求下有没有义务提供病历资料是本案的关键问题。这种义务如果是法定的话,医疗机构是不能拒绝的,否则一旦拒绝履行自己的法定义务,就会承担相应的法律责任。《侵权责任法》第61条规定:"医疗机构及其医务人员应当按照规定填写并妥善保管住院志、医嘱单、检验报告、手术及麻醉记录、病理资料、护理记录、医疗费用等病历资料。患者要求查阅、复制前款规定的病历资料的,医疗机构应当提供。"《医疗事故处理条例》第8条规定:"医疗机构应当按照国务院卫生行政部门规定的要求,书写并妥善保管病历资料。因抢救急危患者,未能及时书写病历的,有关医务人员应当在抢救结束后6小时内据实补记,并加以注明。"第9条规定:"严禁涂改、伪造、隐匿、销毁或者抢夺病历资料。"依据以上规定,医疗机构应当按照国务院卫生行政部门的要求,认真书写和妥善保管各种病历资料。即使因抢救危急患者未能够及时书写病历的,有关医务人员也应当在抢救结束后6小时内据实补充记录,并加以注明。由此可以推定,法律及行政法规对医疗机构及其医务人员规定了书写并保管病历资料的义务,医疗机构及其医务人员必须履行这一义务。并且,法律严禁任何机构和人员涂改、伪造、隐匿、销毁或者抢夺病历资料。

法律规定了医疗机构及其医务人员相应的义务,对应的,患者就享有了一定的权利。《医疗事故处理条例》第10条规定:"患者有权复印或者复制其门诊病历、住院志、体温单、医嘱单、化验单(检验报告)、医学影像检查资料、特殊检查同意书、手术同意书、手术及麻醉记录单、病理资料、护理记录以及国务院卫生行政部门规定的其他病历资料。患者依照前款规定要求复印或者复制病历资料的,医疗机构应当提供复印或者复制服务并在复印或者复制的病历资料上加盖证明印记。复印或者复制病历资料时，应当有患者在场。医疗机构应患者的要求，为其复印或者复制病历资料，可以按照规定收取工本费。具体收费标准由省、自治区、直辖市人民政府价格主管部门会同同级卫生行政部门规定。"由此得出，患者有权复印或者复制病历资料。当患者提出复印或者复制病历资料时，医疗机构应当认真提供复印或者复制服务，并且在病历资料上加盖证明印记。复印或者复制病历资料时，应当有患者在场。医疗机构可以按照规定收取一定的工本费。

医疗机构没有正当理由，拒绝为患者提供复印或者复制病历资料服务的，医疗机构及其医务主管人员应当承担相应的法律责任。《医疗事故处理条例》第56条规定："医疗机构违反本条例的规定，有下列情形之一的，由卫生行政部门责令改正：①未如实告知患者病情、医疗措施和医疗风险的；②没有正当理由，拒绝为患者提供复印或者复制病历资料服务的；③未按照国务院卫生行政部门规定的要求书写和妥善保管病历资料的；④未在规定时间内补记抢救工作病历内容的；⑤未按照本条例的规定封存、保管和启封病历资料和实物的；⑥未设置医疗服务质量监控部门或者配备专（兼）职人员的；⑦未制定有关医疗事故防范和处理预案的；⑧未在规定时间内向卫生行政部门报告重大医疗过失行为的；⑨未按照本条例的规定向卫生行政部门报告医疗事故的；⑩未按照规定进行尸检和保存、处理尸体的。"

在本案例中，患者王某提出复印、复制医疗病历时，该医院应当按照法律的规定为王某提供复印或者复制医疗病历资料的服务，并且加盖证明印记。但是该院拒绝王某的要求，显然是违反法律的。应患者的要求，提供复印或者复制病历资料是医院的法定义务，医疗机构若没有正当理由，不得拒绝。针对上述医院的行为，卫生行政部门应当责令该医院改正，情节严重的，卫生行政部门应当按照相关规定对负有责任的主管人员和其他直接责任人员依法给予行政处分或者纪律处分。

《侵权责任法》第59条规定："因药品、消毒药剂、医疗器械的缺陷，或者输入不合格的血液造成患者损害的，患者可以向生产者或者血液提供机构请求赔偿，也可以向医疗机构请求赔偿。患者向医疗机构请求赔偿的，医疗机构赔偿后，有权向负有责任的生产者或者血液提供机构追偿。"由此推出王某为了更好地维护自己的合法权益，针对造成的医疗事故，可以选择其一提出侵权之诉，以便维护自己的合法权益。

法 律依据

《中华人民共和国侵权责任法》第59、61条。
《医疗事故处理条例》第8、9、10、56条。

12 医疗事故发生后，医疗机构内部是否可以自行处理而不必向卫生行政部门报告？

案 件介绍

2010年10月某医院妇产科在对一妇女张某进行手术时发生了重大事故，主治医生误割掉张某的双侧卵巢。该重大事故发生后，主治医师自知事情比较严重，肯定构成了医疗事故（后经过鉴定确实属于医疗事故）。于是该主治医生私自与张某及其丈夫进行沟通，希望"私了"。该主治医师承诺一次性赔偿张某15万元，希望张某息事宁人，不要向医院告发，也不要再向法院起诉。张某收了钱后表示不再追究。但是张某回家咨询过律师后，认为该主治医师的赔偿太低，于是向医院告知了这件事。医院向该主治医师核对此事，该主治医师开始拒不承认。后来，在张某提供了一系列的病历资料后，该主治医师不得不承认了此事。该医院在得知真相后，立即给张某做工作，希望张某大事化小，小事化无，不要向县卫生局投诉，并表示可以再赔偿5万元。张某仍然认为医院赔偿太低，于是向县卫生局反映了情况。

法津分析

针对发生或者发现医疗事故、可能引起医疗事故的医疗过失行为或者发生医疗事故争议的处理程序，我国有关法律做了具体的规定。《医疗事故处理条例》第13条规定："医务人员在医疗活动中发生或者发现医疗事故、可能引起医疗事故的医疗过失行为或者发生医疗事故争议的，应当立即向所在科室负责人报告，科室负责人应当及时向本医疗机构负责医疗服务质量监控的部门或者专（兼）职人员报告；负责医疗服务质量监控的部门或者专（兼）职人员接到报告后，应当立即进行调查、核实，将有关情况如实向本医疗机构的负责人报告，并向患者通报、解释。"第14条规定："发生医疗事故的，医疗机构应当按照规定向所在地卫生行政部门报告。发生下列重大医疗过失行为的，医疗机构应当在12小时内向所在地卫生行政部门报告：①导致患者死亡或者可能为二级以上的医疗事故；②导致3人以上人身损害后果；③国务院卫生行政部门和省、自治区、直辖市人民政府卫生行政部门规定的其他情形。"

依据条例规定，并结合上述情况，一旦发生或发现医疗事故、可能引起医疗事故的医疗过失行为或者发生医疗事故的争议，应当按照下列程序报告：发现人或相关医务人员——科室负责人——本医疗机构负责医疗服务质量监控的部门或者专（兼）职人员——本医疗机构的负责人——本地卫生行政部门。其中，医疗机构负责医疗服务质量监控的部门或者专（兼）职人员在调查核实后，还应向患者通报、解释。法律规定了一系列程序，就是为了及时、公开、有效地处理医疗事故，防止医疗机构隐瞒、歪曲医疗事故的具体情况。

同时，法律还规定了医疗机构未及时报告和未按规定报告的法律责任。《医疗事故处理条例》第56条规定："医疗机构违反本条例的规定，有下列情形之一的，由卫生行政部门责令改正；情节严重的，对负有责任的主管人员和其他直接责任人员依法给予行政处分或者纪律处分：①未如实告知患者病情、医疗措施和医疗风险的；②没有正当理由，拒绝为患者提供复印或者复制病历资料服务的；③未按照国务院卫生行政部门规定的要求书写和妥善保管病历资料的；④未在规定时间内补记抢救工作病历内容的；⑤未按照本条例的规定封存、保管和启封病历资料和实物的；⑥未设置医疗服务质量监控部门或者配备专（兼）职人员的；⑦未制定有关医疗事故防范和处理预案的；⑧未在规定时间内向卫生行政部门报告重大医疗过失行为的；⑨未按照本条例的规定向卫生行政部门报告医疗事故的；⑩未按照规定进行尸检和保存、处理尸体的。"

在本案中，该主治医师在对张某进行手术时发生了医疗事故后，应当立即向其妇产科的负责人报告，妇产科的负责人应当立即向该医院的医疗服务质量监控部门或者专（兼）职人员报告，该医院的医疗服务质量监控部门或者专（兼）职人员应当立即调查、核实事件情况，向院领导等负责人报告，并向张某通报、解释。该医院也应当及时向所在地的卫生行政部门报告。而在该案中，主治医师并没有按照法律规定的程序进行报告，明显违背了法律的规定。该主治医师通过与张某"私了"试图隐瞒自己医疗过失行为的做法，显然是因害怕自己受到处分而进行的违法行为。后来，该医院在得知事件真相后，仍然没有向当地卫生行政部门报告的做法也是违法的。法律明确规定，发生医疗事故，医疗机构应当向所在地的卫生行政部门报告。该医院为了避免卫生行政部门的处罚、处分而再次与张某"私了"的行为显然也是违法的。当地卫生行政部门应当按照法律的规定责令改正，情节严重的，应当对负有责任的主管人员和其他直接责任人员依法给予行政处分或纪律处分。

另外需要注意的是，医疗机构发生了或者发现了过失行为，医疗机构及其医务人员应当立即采取有效措施，避免或者减轻对患者身体健康的损害，防止损害继续扩大。《医疗事故处理条例》第15条规定："发生或者发现医疗过失行为，医疗机构及其医务人员应当立即采取有效措施，避免或者减轻对患者身体健康的损害，防止损害扩大。"由此推知，一旦发生或者发现医疗过失行为，医院及其医务人员应当立即采取措施去避免或减轻损害，防止损害继续扩大，这是医院及其医务人员的天职所在。

法律依据

《医疗事故处理条例》第13、14、15、56条。

13 发生医疗事故争议时，死亡病例讨论记录等资料可以由医院自己单独封存和启封吗？

案件介绍

2011年10月9日，×省×县×村村民李某去当地一所医院就诊，由于医院医务人员的重大失误导致李某死亡。后经过专家组鉴定属于医疗事故。发生这一医疗事故后，医院的死亡病历讨论记录不翼而飞。医院宣称，该村民的死亡病历讨论记录找不到了。该村民的家属对此表示质疑，声称如果看不到李某的死亡病历记录绝不离开医院。医院不得已，告诉李某的家属李某的死亡病历讨论记录已经被封存，现在没法给家属。李某的家属十分生气，于是便砸了该医院。

法 津分析

《医疗事故处理条例》第16条规定："发生医疗事故争议时，死亡病例讨论记录、疑难病例讨论记录、上级医师查房记录、会诊意见、病程记录应当在医患双方在场的情况下封存和启封。封存的病历资料可以是复印件，由医疗机构保管。"根据以上法律的规定，当发生医疗事故争议时，死亡病例讨论记录及其他记录应当在医患双方在场的情况下封存和启封，医院无权单独自己封存和启封。法律之所以这样规定，是因为在医患双方在场的情形下封存和启封，可以避免任何一方对死亡病例讨论记录作出删改、修改、涂改等不法行为，从而保证死亡病例讨论记录的正确性。封存后的病历资料由医疗机构保管。

《医疗事故处理条例》第17条规定："疑似输液、输血、注射、药物等引起不良后果的，医患双方应当共同对现场实物进行封存和启封，封存的现场实物由医疗机构保管；需要检验的，应当由双方共同指定的、依法具有检验资格的检验机构进行检验；双方无法共同指定时，由卫生行政部门指定。疑似输血引起不良后果，需要对血液进行封存保留的，医疗机构应当通知提供该血液的采供血机构派员到场。"在这一情形下也需要医患双方共同封存和启封，这样可以避免互相指责对方检验机构的情况发生；如果双方无法共同指定时，就需要由卫生行政部门来指定，以避免双方久拖不办。

通过以上可以看出，在医疗行为当中，医患双方共同封存和启封的情形有两种：一是发生医疗事故争议时，死亡病例讨论记录、疑难病例讨论记录、上级医师查房记录、会诊意见、病程记录应当在医患双方在场的情况下封存和启封；二是疑似输液、输血、注射、药物等引起不良后果的，医患双方应当共同对现场实物进行封存和启封。

在本案中，李某死亡后，李某的家属首先有权复制、复印李某的死亡病例讨论记录，并且应当在该医院也在场的情况下封存该死亡病历讨论记录。这本来是一件很简单的事情，如果医院处理得当的话，便不会造成被打砸的不良后果。这种不良后果是由于医院违反法律的规定单方封存死亡病历讨论记录所引起的。李某家属的打砸行为也是违法的，也会受到法律的惩处。李某的家属轻则触犯了《治安管理处罚法》第 26 条的规定："有下列行为之一的，处五日以上十日以下拘留，可以并处五百元以下罚款；情节较重的，处十日以上十五日以下拘留，可以并处一千元以下罚款：①结伙斗殴的；②追逐、拦截他人的；③强拿硬要或者任意损毁、占用公私财物的；④其他寻衅滋事行为。"重则触犯了《刑法》第 257 条的规定："故意毁坏公私财物，数额较大或者有其他严重情节，处三年以下有期徒刑、拘役或者罚金；数额巨大或者有其他严重情节的，处三年以上七年以下有期徒刑。"同时，还要承担民事责任。因此，李某家属不应当以暴力解决问题，而是应当采取合法的方式，来维护自己的合法权益，应当向当地卫生行政部门反映情况，请求卫生行政部门依法处理此类事情。

法津依据

《医疗事故处理条例》第 16、17 条。

《中华人民共和国治安管理处罚法》第 26 条。

《中华人民共和国刑法》第 257 条。

14 发生医疗事故，造成人身损害，如何进行赔偿？

案件介绍

2005 年 5 月 6 日，张某在家劈木材时不慎致伤右眼，遂即到县人民医院治疗，诊断为"右眼角膜穿通伤，右眼球内异物"。次日到市一院治疗，市一院医师为张某做 B 型超声检查，医师观察后认为，张某右眼玻璃体内出血块，右眼白内障。当日住院，并在局麻下进行右眼角膜修补术，前房冲洗术。六天后，又进行晶状体囊外摘除术。住院期间经多次查房及 B 超检查，均未发现眼内异物，治疗 16 天出院。2005 年 6 月 3 日，张某因仍感右眼疼痛不适，遂到市一院复诊，但无明确诊断。在治疗无效果的情况下，张某于 2005 年 6 月 6 日到江苏省中医院就诊，B 超检查提示右眼玻璃体混浊，右眼球内异物不能排除。当日即转诊于南京军区总医院，并作眼部 CT 检查。CT 报告单记载：右眼球内下见一点状金属异物影，晶状体未见很好显示等，结论为，张某右眼角膜穿通伤术后改变，眼内异物残存。2005 年 6 月 10 日，张某在该院办理了住院手续，同年 6 月 15 日作右眼玻璃体切割术和眼内异物取出术。同年 7 月 20 日，张某出院，此次住院花去医疗费 1 万元。2005 年 9 月 9 日，张某以市一院具有过错为由向法院起诉，要求市一院赔偿损失医疗费、残疾赔偿金、残疾者生活补助费、误工费及精神损害抚慰金等 10 万元。

法律分析

将是否履行高度注意义务作为医师有无过错的判断标准，成为处理本案的一个焦点。医疗行为是一种对患者生命、健康伴有一定危险性、破坏性的侵袭行为，但又是帮助患者恢复健康的行为，故通常情况下，并不视其为侵权行为。然而，基于患者对医师的充分信赖及对医师的特殊职业要求，便产生了医师对于患者的高度注意义务和忠实义务，医师若疏于注意而违反义务，则其具有法律上的过错。在本案中，判断医师有无过错成为关键之一，而要判断医师有无过错，其标准就得掌握好：一个是医师的业务水平标准，一个是对患者的注意程度标准。本案在处理时，所掌握的过错标准类似于"最善的注意义务"标准，这是医师的一般注意义务。本案中的市一院为三级乙等医院，其在当时的医疗设备及技术范围内能够诊断出张某右眼内异物存留，但医师却未予使用 X 线摄片或 CT 设备。而且就是用 B 超检查，也能辨析出右眼内异物不能排除，但市一院仅作出右眼玻璃体混浊的不全面、不准确结论。基于此，可以清楚地说明，市一院的医师对于张某的眼伤诊断是不谨慎的，存在着急于履行高度注意义务和疏于注意的过错。依据《侵权责任法》第 6 条规定："行为人因过错侵害他人民事权益，应当承担侵权责任。根据法律规定推定行为人有过错，行为人不能证明自己没有过错的，应当承担侵权责任。"故市一院当然要对其行为后果承担民事责任。

运用过错行为对损害后果的发生率来确定责任，成为处理本案的又一特色。众所周知，损害后果的发生原因往往较多，而多原因竞合的具体情形又很多，所以处理的方法也较为灵活。有一种观点认为，本案张某对损害后果也有过失，即在劈木材时疏于注意，故应适用过失相抵的原则。实质上，如张某以市一院的行为造成其右眼八级伤残为由，要求赔偿全部损失，则可依过失相抵原则让市一院适当分担损失。而本案张某仅是基于市一院的医疗过错行为提起诉讼，尽管其请求赔偿的数额较高，但对自己不慎造成的眼外伤并未要求他人赔偿，所以本案不应适用过失相抵的原则。因此，在处理本案时，根据法医鉴定意见，利用赔偿医学上的参与度（又叫发生率、寄与度）概念，即以被诉过错行为对损害后果的介入程度或作用力大小，来确定责任大小。这样处理，不仅符合我国民法的过错责任原则，而且从裁判效果上看，其适用的法律更具体、更科学，所以也显得更公正。

具体在本案中，《医疗事故处理条例》第 49 条规定："医疗事故赔偿，应当考虑下列因素，确定具体赔偿数额：①医疗事故等级；②医疗过失行为在医疗事故损害后果中的责任程度；③医疗事故损害后果与患者原有疾病状况之间的关系。不属于医疗事故的，医疗机构不承担赔偿责任。"

第 50 条规定："医疗事故赔偿，按照下列项目和标准计算：①医疗费：按照医疗事故对患者造成的人身损害进行治疗所发生的医疗费用计算，凭据支付，但不包括原发病医疗费用。结案后确实需要继续治疗的，按照基本医疗费用支付。②误工费：患者有固定收入的，按照本人因误工减少的固定收入计算，对收入高于医疗事故发生地上一年度职工年平均工资 3 倍以上的，按照 3 倍计算；无固定收入的，按照医疗事故发生地上一年度职工年平均工资计算。③住院伙食补助费：按照医疗事故发生地国家机关一般工作人员的出差伙食补助标准计算。④陪护费：患者住院期间需要专人陪护的，按照医疗事故发生地上一年度职工年平均工资计算。⑤残疾生活补助费：根据伤残等级，按照医疗事故发生地居民年平均生活费计算，自定残之月起最长赔偿 30 年；但是，60 周岁以上的，不超过 15 年；70 周岁以上的，不超过 5 年。⑥残疾用具费：因残疾需要配置补偿功能器具的，凭医疗机构证明，按照普及型器具的费用计算。⑦丧葬费：按照医疗事故发生地规定的丧葬费补助标准计算。⑧被扶养人生活费：以死者生前或者残疾者丧失劳动能力前实际扶养且没有劳动能力的人为限，按照其户籍所在地或者居所地居民最低生活保障标准计算。对不满 16 周岁的，扶养到 16 周岁。对年满 16 周岁但无劳动能力的，扶养 20 年；但是，60 周岁以上的，不超过 15 年；70 周岁以上的，不超过 5 年。⑨交通费：按照患者实际必需的交通费用计算，凭据支付。⑩住宿费：按照医疗事故发生地国家机关一般工作人员的出差住宿补助标准计算，凭据支付。⑪精神损害抚慰金：按照医疗事故发生地居民年平均生活费计算。造成患者死亡的，赔偿年限最长不超过 6 年；造成患者残疾的，赔偿年限最长不超过 3 年。"医院应根据以上法律、法规，对张某进行合理的赔偿。

法 律依据

《中华人民共和国侵权责任法》第 6 条。

《医疗事故处理条例》49、50 条。

15 患者看病后死亡，家属对死亡原因有异议时，如何处理？

案 件介绍

×省×县×村村民刘某因咽喉肿痛到 A 医院就医，A 医院医生诊断为扁桃体发炎，于是开处方对其进行青霉素注射。刘某注射青霉素后，出现头晕、恶心、呕吐等不良症状，虽然呼吸困难，面色苍白。虽然医生全力抢救，但是由于刘某的症状过于严重，最终抢救无效死亡。医院认为刘某身体有其他疾病，刘某及其家属恶意隐瞒刘某的疾病，因而导致其死亡。而陪同刘某看病的丈夫认为，医院没有给刘某做皮试试验，导致刘某过敏反应严重，从而致其死亡。A 医院和刘某家属对死亡原因争议很大。刘某家属要求立即对刘某进行尸检，但是，A 医院一方拒不配合，一直拖延尸检。

法律分析

针对 A 医院拖延尸检的行为，刘某的家属如何做才能维护自己的合法权益呢？按照有关法律的规定，患者死亡，医患双方当事人不能确定死亡或者对死亡有异议的，应当在患者死亡 48 小时内进行尸检。也就是说，一旦双方对患者死亡原因有异议，应当对死亡的患者在 48 小时内进行尸检。法律还规定，如果具备尸体冻存条件的，可以延长至 7 日，并且尸检应当经死者近亲属同意并签字。对于此案中的近亲属，应当依法予以明确。最高人民法院《关于贯彻执行〈中华人民共和国民法通则〉若干问题的意见（试行）》第 12 条规定："民法通则中规定的近亲属包括配偶、父母、子女、兄弟姐妹、祖父母、外祖父母、孙子女、外孙子女。"

法律对于负责尸检的问题，也作出了明确的规定：尸检应当由按照国家有关规定取得相应资格的机构和病理剖析专业的技术人员进行。承担尸检任务的机构和病理剖析专业技术人员有进行尸检的义务。也就是说，尸检并不是任意进行的，而是由取得相应资格的机构和病理解剖专业技术人员进行。同时法律规定，医疗事故争议双方当事人可以请法医病理学人员参加尸检，也可以委派代表观察尸检过程。拒绝或者拖延尸检，超出规定时间，影响对死因判定时，由拒绝或者拖延一方承担责任。由此可见，一旦进行尸检，医患双方可以请法医病理学人员参加，也可以委派自己的代表观察尸检的过程。在尸检程序启动后，任何一方不得无故拒绝或拖延。如果因任何一方拒绝或拖延导致对死亡患者的原因判定产生影响的，那么拒绝或拖延一方应当承担责任。

对于这样类似的案例的处理程序，法律作出了十分明确的规定。《医疗事故处理条例》第 18 条规定："患者死亡，医患双方当事人不能确定死因或者对死因有异议的，应当在患者死亡后 48 小时内进行尸检；具备尸体冻存条件的，可以延长至 7 日。尸检应当经死者近亲属同意并签字。尸检应当由按照国家有关规定取得相应资格的机构和病理解剖专业技术人员进行。承担尸检任务的机构和病理解剖专业技术人员有进行尸检的义务。医疗事故争议双方当事人可以请法医病理学人员参加尸检，也可以委派代表观察尸检过程。拒绝或者拖延尸检，超过规定时间，影响对死因判定的，由拒绝或者拖延的一方承担责任。"第 19 条规定："患者在医疗机构内死亡的，尸体应当立即移放太平间。死者尸体存放时间一般不得超过 2 周。逾期不处理的尸体，经医疗机构所在地卫生行政部门批准，并报经同级公安部门备案后，由医疗机构按照规定进行处理。"同时，对于医疗机构未按规定尸检的，法律法规也规定了相应的处罚措施。《医疗事故处理条例》第 56 条规定："医疗机构违反本条例的规定，有下列情形之一的，由卫生行政部门责令改正；情节严重的，对负有直接责任的主管人员和其他直接责任人员依法给予行政处分或者纪律处分：①未如实告知患者病情、医疗措施和医疗风险的；②没有正当理由，拒绝为患者提供复印或者复制病历资料服务的；③未按照国务院卫生行政部门规定的要求书写和妥善保管病历资料的；④未在规定时间内补记抢救工作病历内容的；⑤未按照本条例的规定封存、保管和启封病历资料和实物的；⑥未设置医疗服务质量监控部门或者配备专（兼）职人员的；⑦未制定有关医疗事故防范和处理预案的；⑧未在规定时间内向卫生行政部门报告重大医疗过失行为的；⑨未按照本条例的规定向卫生行政部门报告医疗事故的；⑩未按照规定进行尸检和保存、处理尸体的。"

在本案中，首先刘某死亡在 A 医院内，根据法律的规定，在医疗机构内死亡的，尸体应当立即移放太平间。因此刘某的尸体应当立即移放太平间。其次，刘某死亡在 A 医院内，刘某的家属与医院对于刘某的死亡原因产生了争议，此时，因为刘某家属同意尸检，故应当在 48 小时内对刘某进行尸检。如果具备了冷冻条件，可以在 7 天内进行尸检。A 医院和刘某家属都可以请求法医病理学人员参加尸检，也可以委派代表观察尸检过程。任何一方不得拒绝或者拖延。而 A 医院却一直拖延，这明显是违背法律规定的。最后，针对该医院的行为，当地卫生行政部门可以责令 A 医院改正，如果 A 医院情节严重，可以对负有责任的主管人员和其他直接责任人员依法给予行政处分或者纪律处分。

法 律依据

《医疗事故处理条例》第 18、19、56 条。

最高人民法院《关于贯彻执行〈中华人民共和国民法通则〉若干问题的意见（试行）》第 12 条。

16 负责组织首次和再次医疗事故鉴定工作的主体分别是谁？

案 件介绍

×省×县×村村民赵某在 B 医院就诊过程中，因 B 医院医务人员的医疗过失行为，导致身体严重损害。B 医院没有向卫生行政部门报告该医疗事故争议情况。赵某要求进行医疗事故鉴定。于是，赵某向 B 医院的院长提交了书面申请，要求院长组织人员进行医疗事故鉴定。该院长看到赵某根本不懂医疗事故鉴定程序，于是收下赵某的申请书后告知赵某回家等待鉴定结果。后来，赵某收到了 B 医院的电话，被告知医疗事故鉴定结果是不构成医疗事故。赵某很纳闷，自己的身体受到了如此严重的伤害，怎么还不构成医疗事故呢？于是，赵某找到村民委员会主任向其说明了情况。该村民委员会主任也认为赵某受到了 B 医院的不公正对待，于是村委会主任带领赵某向县人民政府反映了情况。县人民政府有关人士答复赵某应当向县卫生局提出申请，具体事宜应当由县卫生局办理。于是，赵某县卫生局进行了反映，以维护自己的合法权益。

法津分析

在广大农村中，尤其是偏远的农村地区，一部分甚至大部分村民对于医疗类的相关法律了解得太少，导致在遇到医疗法律类问题时，搞不清楚自己享有什么样的权利，承担什么样的义务。面对这种情形，村民应当积极主动的向村民委员会反映情况，或积极查询相关法律，或者咨询法律专业人士，以便充分地维护自己的合法权益。《医疗事故处理条例》第 20 条规定："卫生行政部门接到医疗机构关于重大医疗过失行为的报告或者医疗事故争议当事人要求处理医疗事故争议的申请后，对需要进行医疗事故技术鉴定的，应当交由负责医疗事故技术鉴定工作的医学会组织鉴定；医患双方协商解决医疗事故争议，需要进行医疗事故技术鉴定的，由双方当事人共同委托负责医疗事故技术鉴定工作的医学会组织鉴定。"第 21 条规定："设区的市级地方医学会和省、自治区、直辖市直接管辖的县（市）地方医学会负责组织首次医疗事故技术鉴定工作。省、自治区、直辖市地方医学会负责组织再次鉴定工作。必要时，中华医学会可以组织疑难、复杂并在全国有重大影响的医疗事故争议的技术鉴定工作。"第 22 条规定："当事人对首次医疗事故技术鉴定意见不服的，可以自收到首次鉴定意见之日起 15 日内向医疗机构所在地卫生行政部门提出再次鉴定的申请。"

根据上述规定，当事人提出鉴定申请的对象是卫生行政部门，而负责组织鉴定的是市级地方医学会和省、自治区、直辖市直接管辖的县（市）地方医学会。如果医疗机构没有向卫生行政部门报告医疗事故争议的话，那么当事人需要向卫生行政部门提出申请，再由卫生行政部部门交由医学会组织鉴定。如果当事人任何一方对第一次鉴定意见不服的话，可以在收到鉴定意见之日起15日内向医院所在地卫生行政部门提出再次鉴定的申请。

在本案例中，村民赵某在B医院就诊过程中，因该医院医务人员的医疗过失行为，导致身体严重损害，并且该医院没有向卫生行政部门报告。此时，赵某要求处理医疗事故争议的话，需要向卫生行政部门提出申请。需要进行医疗事故鉴定的话，卫生行政部门应当交由负责医疗事故技术鉴定工作的医学会组织鉴定。而赵某却向B医院提出医疗事故鉴定的申请，这是由于不懂法所导致的。而B医院利用赵某不懂法欺骗赵某的行为不仅违反了自身的职业道德，而且也违反了相关法律法规的规定。另外，如果赵某对首次医疗事故鉴定意见不服的话，可以在收到第一次鉴定意见之日起15日内向B医院所在地的卫生局提出再次鉴定的申请，此时，第二次鉴定由省、自治区、直辖市地方医学会负责。必要时，中华医学会可以组织疑难、复杂并在全国有重大影响的医疗事故争议的技术鉴定工作。

综上，我们要加强广大农村，尤其是偏远地区的医学法律知识的宣传，增强广大村民的维权意识，同时医疗机构也要遵守职业道德，卫生行政主管部门也要加强监督。

法律依据

《医疗事故处理条例》第20、21、22条。

17 负责医疗事故技术鉴定工作的医学会组织的专家组人数可以是偶数吗?

案件介绍

张某与 D 医院发生了医疗事故争议, D 医院向卫生行政部门作了报告。该卫生行政部门认为需要进行医疗事故技术鉴定, 于是交由市级地方医学会负责组织首次医疗事故技术鉴定。该医学会于是组织专家鉴定组进行了鉴定。该医学会在没有通知医患双方到场的情况下, 随机从专家库中抽取了 6 名专家。其中一名专家李某曾是张某的大学同学, D 医院请求该专家回避, 但是该专家没有回避, 医学会也没有要求该专家回避。于是该 6 名专家开始对此次医疗事故争议进行鉴定。专家鉴定组经过一段时间的调查和鉴定, 最后作出了一份医疗事故鉴定书。该鉴定书包括了: 双方当事人的基本情况及要求; 当事人提交的材料和负责组织医疗事故技术鉴定工作的医学会的调查资料; 对鉴定过程的说明; 医疗行为是否违反医疗卫生管理法律、行政法规、部门规章和诊疗护理规范、常规; 医疗过失行为与损害后果之间是否存在因果关系和医疗事故等级。但是对医疗过失行为在医疗事故损害后果中的责任程度、对医疗事故患者的医疗护理医学建议等没有进行说明。张某在拿到这份依医疗事故鉴定书后, 非常不满, 向卫生行政部门提出了再次鉴定申请。

法律分析

医疗事故争议发生或者被发现后, 医疗机构应当向卫生行政部门报告。卫生行政部门认为需要进行医疗事故鉴定的, 应当交由负责医疗事故技术鉴定工作的医学会组织鉴定。医疗事故技术鉴定, 由负责医疗事故技术鉴定工作的医学会组织专家组进行。

专家组的构成，法律有明确的规定。《医疗事故处理条例》第23条规定："负责医疗事故技术鉴定工作的医学会应当建立专家库。专家库由具备下列条件的医疗卫生专业技术人员组成：①有良好的业务素质和执业品德；②受聘于医疗卫生机构或者医学教学、科研机构并担任相应专业高级技术职务3年以上。符合前款第①项规定条件并具备高级技术任职资格的法医可以受聘进入专家库。负责组织医疗事故技术鉴定工作的医学会依照本条例规定聘请医疗卫生专业技术人员和法医进入专家库，可以不受行政区域的限制。"第24条规定："医疗事故技术鉴定，由负责组织医疗事故技术鉴定工作的医学会组织专家鉴定组进行。参加医疗事故技术鉴定的相关专业的专家，由医患双方在医学会主持下从专家库中随机抽取。在特殊情况下，医学会根据医疗事故技术鉴定工作的需要，可以组织医患双方在其他医学会建立的专家库中随机抽取相关专业的专家参加鉴定或者函件咨询。符合本条例第23条规定条件的医疗卫生专业技术人员和法医有义务受聘进入专家库，并承担医疗事故技术鉴定工作。"

根据以上行政法规的规定，参加医疗事故技术鉴定的相关专业的专家，由医患双方在医学会主持下从专家库中随机抽取。"专家库"的设立和组成需要具体明确。首先，设立专家库。负责组织医疗事故技术鉴定工作的医学会应当建立专家库。其次，专家库的组成。专家库由具备下列条件的医疗卫生专业技术人员组成：有良好的业务素质和执业品德；受聘于医疗卫生机构或者医学教学、科研机构并担任相应专业高级技术职务3年以上。如果有良好的业务素质和执业品德并具备高级技术任职资格的法医也可以受聘进入专家库的。同时，负责组织医疗事故技术鉴定工作的医学会依照《医疗事故处理条例》的规定聘请医疗卫生专业技术人员和法医进入专家库的，可以不受行政区域的限制。

　　法律对专家组如何进行鉴定工作，也做了具体的规定。《医疗事故处理条例》第 25 条规定："专家鉴定组进行医疗事故技术鉴定，实行合议制。专家鉴定组人数为单数，涉及的主要学科的专家一般不得少于鉴定组成员的 1/2；涉及死因、伤残等级鉴定的，并应当从专家库中随机抽取法医参加专家鉴定组。"第 26 条规定："专家鉴定组成员有下列情形之一的，应当回避，当事人也可以以口头或者书面的方式申请其回避：①是医疗事故争议当事人或者当事人的近亲属的；②与医疗事故争议有利害关系的；③与医疗事故争议当事人有其他关系，可能影响公正鉴定的。"第 31 条规定："专家鉴定组应当在事实清楚、证据确凿的基础上，综合分析患者的病情和个体差异，作出鉴定意见，并制作医疗事故技术鉴定书。鉴定意见以专家鉴定组成员的过半数通过。鉴定过程应当如实记载。医疗事故技术鉴定书应当包括下列主要内容：①双方当事人的基本情况及要求；②当事人提交的材料和负责组织医疗事故技术鉴定工作的医学会的调查材料；③对鉴定过程的说明；④医疗行为是否违反医疗卫生管理法律、行政法规、部门规章和诊疗护理规范、常规；⑤医疗过失行为与人身损害后果之间是否存在因果关系；⑥医疗过失行为在医疗事故损害后果中的责任程度；⑦医疗事故等级；⑧对医疗事故患者的医疗护理医学建议。"

　　依据以上法律可以看出，专家组的鉴定工作具体如下：首先，参加医疗事故技术鉴定的相关专业的专家，由医患双方在医学会主持下从专家库中随机抽取。在特殊情况下，医学会根据医疗事故技术鉴定工作的需要，可以组织医患双方在其他医学会建立的专家库中随机抽取相关专业的专家参加鉴定或者函件咨询。也就是说，专家组成员需要在医患双方参加的情况下，由医学会主持从专家库中随机抽取。其次，专家鉴定组进行医疗事故技术鉴定，实行合议制。专家鉴定组人数应当为单数。再次，专家鉴定组成员有下列情形的，应当回避，当事人也可以以口头或者书面的方式申请其回避：是医疗事故争议当事人或者当事人的近亲属的；与医疗事故争议有利害关系的；与医疗事故争议当事人有其他关系，可能影响公正鉴定的。应当注意的是，这里的"当事人"是指因发生医疗事故争议的双方，既包括医疗机构，也包括患者。"近亲属"包括配偶、父母、子女、兄弟姐妹、祖父母、外祖父母、孙子女、外孙子女。"利害关系"一般是指医疗事故技术鉴定的意见可能直接或者间接地损害专家鉴定组成员的经济利益、学术地位、名誉声望等，包括参加过引发医疗事故争议的医疗行为的会诊、医疗事故争议初次鉴定等。"其他关系"是指上述两种关系以外的其他比较亲近或者密切的关系。如上述近亲属以外的其他亲属、邻居、师生、同学、战友、过去的同事和上下级关系等等。最后，专家鉴定组应当在事实清楚、证据确凿的基础上，综合分析患者的病情和个体差异，作出鉴定意见，并制作医疗事故技术鉴定书。鉴定意见由专家鉴定组成员的过半数通过，鉴定过程应如实记载，一些必须记载的事项必须写入医疗事故鉴定书，不得遗漏，比如上述八种情形。

在本案例中，张某与 D 医院发生了医疗事故争议，D 医院向卫生行政部门作了报告。该卫生行政部门认为需要进行医疗事故技术鉴定，于是交由市级地方医学会负责组织首次医疗事故技术鉴定，这是按照法律的规定进行的程序。但是该医学会在具体的操作过程中有以下几处违反法律的规定：其一，该医学会在没有通知医患双方到场的情况下，随机从专家库中抽取了专家。根据法律的规定，参加医疗事故技术鉴定的相关专业的专家，由医患双方在医学会的主持下从专家库中随机抽取。也就是说，医患双方必须到场。其二，医学会抽取了 6 名专家，不符合法律的规定。依据法律的规定，专家鉴定组进行医疗事故技术鉴定，实行合议制。专家鉴定组人数应为单数，这样的鉴定意见才能以专家鉴定组成员的过半数通过。其三，该专家组的成员李某是张某的大学同学，没有回避。依据法律的规定，可能影响公正鉴定的专家李某应当回避。其四，医疗事故鉴定书中记载事项的主要内容不全面，对医疗过失行为在医疗事故损害后果中的责任程度、对医疗事故患者的医疗护理医学建议等没有进行说明，违反了法律对医疗事故技术鉴定书主要记载内容的规定。

法津依据

《医疗事故处理条例》第 23、24、25、26、31 条。

18 患者隐瞒或否认自己的病因、病情导致不良后果的是否属于医疗事故？

案件介绍

2008 年年末，在外地打工的 28 岁的张某春节放假回家过年。在回家后的某一天，张某突然觉得腹部疼痛难忍，并有头晕、恶心的症状。张某在家中找到几片止痛片吃下去，疼痛暂时减轻。当天深夜，张某腹部疼痛加剧，昏厥过去。张某父母见状，将张某送到医院就诊。张某在医院查体过程中醒来，医生询问了张某的病史状况。张某都作了回答。后来，医生为了确认张某的病情，询问张某近期是否有过性行为，是否有怀孕的迹象。李某明知自己在外地打工期间跟男朋友已经同居，且发生过性行为，但是张某认为自己没有怀孕，况且父母都在身边不好意思说出口。于是，张某对医生说自己没有发生过性行为。但是，张某腹部的疼痛不断加剧，并伴有呕吐、眩晕症状。医生还是怀疑张某怀孕，于是再次认真对其检查，发现张某是宫外孕，并严重内出血。经过抢救，张某的性命保住，但是由于张某未及时告知实情且内出血过于严重，导致张某以后不能生育。张某认为医生没有及时处理自己的病情，构成了医疗事故，于是向医院索赔。

法 律分析

《医疗事故处理条例》第 2 条规定："本条例所称医疗事故，是指医疗机构及其医务人员在医疗活动中，违反医疗卫生管理法律、行政法规、部门规章和诊疗护理规范、常规，过失造成患者人身损害的事故。"具体来说，医疗事故主要包括六个要件，具体内容详见案例 8 "村民就医回家疗养后又意外发生损害导致残疾，此种情况是否属于医疗事故？"

法律在规定什么是医疗事故的同时，也规定了哪些情况不属于医疗事故。法律这样规定是根据"有原则就有例外"的一般法理所作出的合理安排。在现实的医疗实践中，一些情形下患者虽然遭受了人身损害，但是这种人身损害的原因或者是不可避免的，或者是由于患者自身原因引起的，或者是现有医疗科技水平无法发现的，因此不能一看到患者遭受人身损害就认定为属于医疗事故。如果这样判断医疗事故的话，那么医疗机构就无法正常进行执业了。所以法律作出了明确的规定。《医疗事故处理条例》第 33 条规定："有下列情形之一的，不属于医疗事故：①在紧急情况下为抢救垂危患者生命而采取紧急医学措施造成不良后果的；②在医疗活动中由于患者病情异常或者患者体质特殊而发生医疗意外的；③在现有医学科学技术条件下，发生无法预料或者不能防范的不良后果的；④无过错输血感染造成不良后果的；⑤因患方原因延误诊疗导致不良后果的；⑥因不可抗力造成不良后果的。"

第一，在紧急情况下为抢救患者的生命，医护人员按照诊疗护理操作规范、常规所采取的紧急救治措施造成患者人身损害后果的不属于医疗事故。但应当注意以下几点：①实施抢救行为的前提必须是情况紧急，患者的生命正在受到疾病的威胁，而不是假想的、尚未发生或已经过去的；目的是为了挽救患者的生命。②医务人员在实施抢救时，其医疗行为必须遵守诊疗护理规范、常规；③在迫不得已的情况下，只有采取明知可能会造成患者损害后果的紧急医疗措施，才有可能挽救其生命，在此种情况下造成不良后果的医疗行为不能被认定为医疗事故。

第二，所谓医疗意外，是指由于患者的病情异常、体质特殊而发生难以预料的、不能防范的不良后果的情形。医疗意外具有两个基本特征：①患者死亡、残疾或功能障碍等不良后果发生在诊疗护理过程中；②不良后果的发生是医护人员在现有医学技术条件下难以预料和不能防范的，即医护人员的医疗行为无过失。医疗意外常见的表现形式有：①医护人员抢救及时、措施得力、手术操作无误，但患者仍死亡或遗留严重的后遗症；②患者为特异体质，在治疗前知道或在治疗后发现，但目前医学科学技术尚难以解决而发生的不良后果；③在基础麻醉或椎管阻滞麻醉时，按规定剂量使用麻醉药后患者仍然出现呼吸抑制、血压下降、麻醉平面过高等现象，虽经积极抢救仍发生不良后果的；④诊断明确，手术适应症掌握合适、术中操作无误，而在术中或术后发生大出血，呼吸、循环骤停及其他重要器官功能衰竭等不良后果的。是否属于医疗意外，不能简单地下结论。个体即使存在特殊体质，但没有医疗行为的刺激，也不会发生不良后果。因而，不应认为只要患者存在体质特殊或病情异常就一律认定是医疗意外。故本条不能作为绝对免除医方法律责任的条件。

第三，在现有医学科学技术条件下（而不是以具体的医疗机构的医疗水平为标准）发生无法预料或者不能防范的不良后果。

这是由于客观的科学技术水平所决定的，不属于医疗机构及其医务人员的原因。客观的科学技术水平往往影响着医疗科技水平，这种影响不是一般的医务人员能够左右的，任何医务人员都无法超越现有的科学技术水平去治疗患者。

第四，无过错输液感染造成不良后果的。输血感染指因给患者输入的血液被细菌污染或含有病毒而使患者出现血液污染反应或感染其他疾病。给患者输血如果有指征、履行了相应的手续，按输血操作规范、常规进行，应认定为无过错输血。因输血感染不是医疗机构的医疗行为造成的，行为主体是血液采集单位，故不能认定为医疗事故。如果医疗机构不能证明其输血行为无过失，则不能免除其医疗事故的民事法律责任。

第五，因患方原因延误诊疗导致不良后果的。对于医疗机构及其医务人员提供的医疗服务，患者享有一定的自主权和选择权。在有些情况下，患者对自己权利的不当行使，可能会延误诊疗的时机，造成本不应发生的不良后果。作为医务人员，无权采取强制手段对患者进行强制治疗。只要医务人员向患者告知了其病情、将采取的诊疗措施和不采取这些措施可能导致的不良后果等情况，因患方原因延误诊疗导致不良后果的，责任应由患者承担，不应定为医疗事故。此外，患者不如实地陈述病情、病史，使医务人员无法得出正确的诊断；或者不遵医嘱服药和做必要的检查，以致延误治疗或抢救时间造成不良后果的，也不属于医疗事故。但认定不属于医疗事故的前提是医方必须有证据证明患者不良后果的发生确系患方原因延误诊疗造成的。

第六，《民法通则》第153条规定："不可抗力是指不能预见、不能避免并不能克服的客观情况。"不可抗力是法定的免责事由。应用于医疗事故技术鉴定时，不可抗力应以当时条件下从事医疗活动的医务人员应具备的技能为标准，而不能以某个人或某些人的技能为标准。在医疗活动中确实存在着在现有医学科学技术条件下不能预见、不能避免、不能克服的，或者能够预见，但不能避免、不能完全克服的客观情况。如：疾病的自然转归（癌、艾滋病），原有疾病的并发症。在此情形下发生的不良后果应免除医方的法律责任。

　　在本案例中，张某在回家后的某一天突然感觉到腹部疼痛难忍，并有头晕、恶心等症状且张某在吃下止痛片后的当天深夜，腹部疼痛加重，昏厥过去，说明张某的病情严重。在张某的父母将其送到医院后，醒来的张某应当意识到自己病情的严重，应当如实回答医生的询问。但是，当医生询问张某近期是否发生过性行为时，张某由于父母在旁边而否认了这一客观事实，导致了自己的病情被拖延、加重。后来，幸亏医生果断检查才保住了患者张某的性命，但是张某不可避免地遭受了不良后果：以后不能生育。根据以上分析，张某是由于自己的原因造成了不良后果，不属于医疗事故。

　　最后要注意的是，广大患者要如实告知自己的病情，这样医疗机构才能及时作出诊断，防止病情的拖延、加重，以免造成不良的后果。

法 律依据

《医疗事故处理条例》第 2、33、60、62 条。
《中华人民共和国民法通则》第 153 条。

19 医疗事故的鉴定是否需要收取鉴定费用，以及由谁支付鉴定费用？

案 件介绍

2013年10月，×省×县×村村民冯某因为感冒发烧去Z医院就诊。医院的医务人员经诊断后，开出了一些感冒药并开出注射青霉素的处方。在注射青霉素前，医生询问冯某以前是否注射过青霉素，是否有青霉素过敏史。冯某说好像没有过敏史，于是医生没有做皮试试验就给冯某注射了青霉素。但是，在冯某挂吊瓶时，出现了一系列症状，如头晕、恶心等。医生判断可能是滴入速度过快，于是减慢了滴入速度。但是冯某还是呼吸困难、面色苍白，然后休克，最终经抢救无效死亡。冯某的家属认为医院处理不当导致了冯某死亡构成医疗事故，于是申请鉴定。冯某的家属随后向卫生行政部门提交了申请，卫生行政部门交由负责医疗事故鉴定的医学会负责组织鉴定。后经过一系列调查核实，专家鉴定为医疗事故。在鉴定费的支付上，冯某的家属认为应当由医疗机构支付。而Z医院认为，是由冯某的家属申请的医疗事故鉴定，故应该由冯某的家属支付鉴定费用。为此，双方产生了严重分歧，起诉到了法院。

法 律分析

当发生医疗事故争议，需要医疗鉴定的，应当由专门机关来鉴定是否属于医疗事故。法律对此程序作出了明确的规定。《医疗事故处理条例》第20条规定："卫生行政部门接到医疗机构关于重大医疗过失行为的报告或者医疗事故争议当事人要求处理医疗事故争议的申请后，对需要进行医疗事故技术鉴定的，应当交由负责医疗事故技术鉴定工作的医学会组织鉴定；医患双方协商解决医疗事故争议，需要进行医疗事故技术鉴定的，由双方当事人共同委托负责医疗事故技术鉴定工作的医学会组织鉴定。"根据此规定，卫生行政部门的法定职责是在接到申请人要求处理医疗事故争议的申请后，交由负责医疗事故技术鉴定工作的医学会组织鉴定，依法履行其法定职责。

对于医疗事故是否需要鉴定费用，以及鉴定费用由哪方主体支付，法律也作了相应的规定。《医疗事故处理条例》第34条规定："医疗事故技术鉴定，可以收取鉴定费用。经鉴定，属于医疗事故的，鉴定费用由医疗机构支付；不属于医疗事故的，鉴定费用由提出医疗事故处理申请的一方支付。鉴定费用标准由省、自治区、直辖市人民政府价格主管部门会同同级财政部门、卫生行政部门规定。"

在本案中，冯某由于感冒发烧到该医院就诊后发生了死亡的不良后果，后来冯某的家属向卫生行政部门提交了医疗事故鉴定的申请，且最终被专家鉴定组鉴定为医疗事故，因此冯某就诊的Z医院应当支付医疗事故鉴定费用。而Z医院拒绝支付鉴定费用是错误的，也是违反法律规定的。假如冯某死亡不属于医疗事故的话，那么应当由冯某的家属即提出医疗事故鉴定的申请方来支付医疗事故鉴定费用。针对Z医院拒绝支付鉴定费用，冯某家属向法院提起民事诉讼，请求Z医院支付医疗事故鉴定费用的做法是维护其合法权益的充分表现。

法律依据

《医疗事故处理条例》第20、34条。

20 发生医疗事故的赔偿等民事责任争议，可以协调解决吗？还是必须要由卫生行政部门介入进行调解？

案件介绍

赵某因为牙痛于2013年8月去C医院口腔科就诊。C医院口腔科医生经过诊断，开出了做根管治疗的手术处方。医院经过一系列手术前的准备，开始做根管手术。首先医生给赵某右上方牙根处注射麻药。过了十五分钟后，医生开始进行手术。在手术过程中，赵某感到疼痛难忍。于是医生又注射了少量剂的麻醉药物。但是赵某仍然感觉到疼痛。该医生认为不可能，让护士检查一下麻药是否出现了问题。护士仔细一看，拿的不是麻药而是别的药品。最终，赵某因错误注射其他药品而导致整个口腔一直无法咀嚼食物，只能吃流食。于是，赵某向卫生行政部门提出申请要求进行医疗事故鉴定。卫生行政部门交由负责医疗事故鉴定的医学会鉴定，医学会组织专家组进行鉴定。后经过专家鉴定组鉴定，属于医疗事故。赵某开始向C医院索赔，关于赔偿的数额，赵某与C医院协商了长达半年之久，因为差额太大无法达成一致意见。赵某认为自己处于弱势，根本无法和C医院抗衡，于是想是不是要求卫生行政部门出来主持公道才能解决问题。赵某向卫生行政部门反映了情况，请卫生行政部门介入调解。

法律分析

针对医疗事故，产生争议后，法律规定了一般的程序。《医疗事故处理条例》第13条规定："医务人员在医疗活动中发生或者发现医疗事故、可能引起医疗事故的医疗过失行为或者发生医疗事故争议的，应当立即向所在科室负责人报告，科室负责人应当及时向本医疗机构负责医疗服务质量监控的部门或者专（兼）职人员报告；负责医疗服务质量监控的部门或者专（兼）职人员接到报告后，应当立即进行调查、核实，将有关情况如实向本医疗机构的负责人报告，并向患者通报、解释。"第 14 条规定："发生医疗事故的，医疗机构应当按照规定向所在地卫生行政部门报告。发生下列重大医疗过失行为的，医疗机构应当在 12 小时内向所在地卫生行政部门报告：①导致患者死亡或者可能为二级以上的医疗事故；②导致 3 人以上人身损害后果；③国务院卫生行政部门和省、自治区、直辖市人民政府卫生行政部门规定的其他情形。"第 20 条规定："卫生行政部门接到医疗机构关于重大医疗过失行为的报告或者医疗事故争议当事人要求处理医疗事故争议的申请后，对需要进行医疗事故技术鉴定的，应当交由负责医疗事故技术鉴定工作的医学会组织鉴定；医患双方协商解决医疗事故争议，需要进行医疗事故技术鉴定的，由双方当事人共同委托负责医疗事故技术鉴定工作的医学会组织鉴定。"第 21 条规定："设区的市级地方医学会和省、自治区、直辖市直接管辖的县（市）地方医学会负责组织首次医疗事故技术鉴定工作。省、自治区、直辖市地方医学会负责组织再次鉴定工作。必要时，中华医学会可以组织疑难、复杂并在全国有重大影响的医疗事故争议的技术鉴定工作。"也就是说，医疗机构应当向卫生行政部门报告，或者由医疗事故争议当事人向卫生行政部门提出要求处理医疗事故争议的申请。卫生行政部门认为需要进行医疗事故鉴定的，应当交由负责医疗事故技术鉴定工作的医学会组织鉴定。医疗事故技术鉴定，由负责组织医疗事故技术鉴定工作的医学会组成专家鉴定组进行。

　　针对医疗事故赔偿等民事争议，医患双方可以协商解决或者由卫生行政部门调解，也可以直接向人民法院提起民事诉讼。有关法律也对此作出了明确的规定。《医疗事故处理条例》第 46 条规定:"发生医疗事故的赔偿等民事责任争议,医患双方可以协商解决;不愿意协商或者协商不成的,当事人可以向卫生行政部门提出调解申请,也可以直接向人民法院提起民事诉讼。"第 47 条规定:"双方当事人协商解决医疗事故的赔偿等民事责任争议的,应当制作协议书。协议书应当载明双方当事人的基本情况和医疗事故的原因、双方当事人共同认定的医疗事故等级以及协商确定的赔偿数额等,并由双方当事人在协议书上签名。"第 48 条规定:"已确定为医疗事故的,卫生行政部门应医疗事故争议双方当事人请求,可以进行医疗事故赔偿调解。调解时,应当遵循当事人双方自愿原则,并应当依据本条例的规定计算赔偿数额。经调解,双方当事人就赔偿数额达成协议的,制作调解书,双方当事人应当履行;调解不成或者经调解达成协议后一方反悔的,卫生行政部门不再调解。"

依照以上规定,关于医疗事故的赔偿等民事争议的解决,医患双方可以协商解决。也就是说,在面对医患双方的赔偿等民事争议时,法律给予双方一个自愿协商的机会。如果双方协商一致,对赔偿数额等问题没有异议的话,民事争议就可以比较好地解决。但是,如果医患双方不愿意协商解决民事争议的话,法律也作出了规定,即如果医患双方不愿意协商,或者协商不成的,当事人可以向卫生行政部门提出调解申请。也就是说,如果医患双方不愿协商或者协商不成,那么当事人可以向卫生行政部门提出调解申请。需要注意,这里是"可以"而不是"应当",体现了平等的当事人主体可以自由选择争议的处理方式来维护自己的合法权益。也就是说,当事人可以向卫生行政部门提出调解申请,让卫生行政部门介入进行调解,也可以不向卫生行政部门提出调解申请。法律还规定,当事人可以直接向人民法院提起民事诉讼。法律这一规定意味着，当事人可以不经过协商，也可以不要求卫生行政部门进行调解，而直接向法院起诉。

同时需要注意的是，如果双方当事人协商解决医疗事故的赔偿等民事责任争议的，应当制作协议书。也就是说，如果双方自愿协商且达成一致的话，应当把达成一致的内容落实到书面协议书上。协议书应当载明双方当事人的基本情况和医疗事故的原因、双方当事人共同认定的医疗事故等级以及协商确定的赔偿数额等，并由双方当事人在协议书上签名。另外，如果双方当事人请求卫生行政部门介入调解的话，卫生行政部门可以进行医疗事故赔偿调解。在卫生行政部门进行调解时，应当充分尊重当事人的意愿，遵循当事人双方自愿的原则，并应当依据《医疗事故处理条例》的规定计算赔偿数额并进行调解。具体赔偿数额依据《医疗事故处理条例》第49条规定："医疗事故赔偿，应当考虑下列因素，确定具体赔偿数额：①医疗事故等级；②医疗过失行为在医疗事故损害后果中的责任程度；③医疗事故损害后果与患者原有疾病状况之间的关系。不属于医疗事故的，医疗机构不承担赔偿责任。"第50条规定："医疗事故赔偿，按照下列项目和标准计算：①医疗费：按照医疗事故对患者造成的人身损害进行治疗所发生的医疗费用计算，凭据支付，但不包括原发病医疗费用。结案后确实需要继续治疗的，按照基本医疗费用支付。②误工费：患者有固定收入的，按照本人因误工减少的固定收入计算，对收入高于医疗事故发生地上一年度职工年平均工资3倍以上的，按照3倍计算；无固定收入的，按照医疗事故发生地上一年度职工年平均工资计算。③住院伙食补助费：按照医疗事故发生地国家机关一般工作人员的出差伙食补助标准计算。④陪护费：患者住院期间需要专人陪护的，按照医疗事故发生地上一年度职工年平均工资计算。⑤残疾生活补助费：根据伤残等级，按照医疗事故发生地居民年平均生活费计算，自定残之月起最长赔偿 30 年；但是，60 周岁以上的，不超过 15 年；70 周岁以上的，不超过 5 年。⑥残疾用具费：因残疾需要配置补偿功能器具的，凭医疗机构证明，按照普及型器具的费用计算。⑦丧葬费：按照医疗事故发生地规定的丧葬费补助标准计算。⑧被扶养人生活费：以死者生前或者残疾者丧失劳动能力前实际扶养且没有劳动能力的人为限，按照其户籍所在地或者居所地居民最低生活保障标准计算。对不满 16 周岁的，扶养到 16 周岁。对年满 16 周岁但无劳动能力的，扶养 20 年；但是，60 周岁以上的，不超过 15 年；70 周岁以上的，不超过 5 年。⑨交通费：按照患者实际必需的交通费用计算，凭据支付。⑩住宿费：按照医疗事故发生地国家机关一般工作人员的出差住宿补助标准计算，凭据支付。⑪精神损害抚慰金：按照医疗事故发生地居民年平均生活费计算。造成患者死亡的，赔偿年限最长不超过 6 年；造成患者残疾的，赔偿年限最长不超过 3 年。"由此可以推出，经卫生行政部门调解，双方当事人可以就赔偿数额达成协议的，制作调解书，双方当事人应当履行；调解不成或经调解达成协议后一方反悔的，卫生行政部门不再调解。

在本案例中，赵某认为自己处于弱势的情况下，请求卫生行政部门进行调解，来为自己主持公道，以维护自己的合法权益。同时，赵某也可以不向卫生行政部门提出调解申请，直接向人民法院提起民事诉讼。

法律依据

《医疗事故处理条例》第 13、14、20、21、46、47、48、49、50 条。

医疗事故争议当事人已经向卫生行政部门提出医疗事故争议处理申请，在卫生行政部门处理 [21] 期间，能否提起诉讼？

案件介绍

×省×县×村村民张某临产，于2010年7月26日被送到县人民医院妇产科待产。经医生产前检查，张某与胎儿一切正常。晚上8点左右，张某出现分娩征兆。于是，张某进入产房。但是，县人民医院的值班医生没有及时做好产前准备工作——准备好消毒器械，导致张某分娩时出现了意外。在接生过程中，由于主要的接生医生在产妇张某进入产房四十分钟后才赶到医院，导致胎儿分娩出来时出现窒息现象。后来，婴儿由于窒息时间较长，最终死亡。2011年5月10日，张某向卫生行政部门提出医疗事故争议处理的书面申请，卫生行政部门认为需要进行医疗事故技术鉴定，于是交由负责医疗事故技术鉴定工作的医学会负责组织鉴定。在医学会组织专家组进行鉴定的过程中，张某于2011年6月15日向县人民法院提起了民事诉讼，要求县医院承担民事赔偿责任，人民法院依法受理了此案。人民法院也通知了卫生行政部门，卫生行政部门对此不予理睬，也没有通知负责医疗事故技术鉴定工作的医学会。在鉴定意见出来之后，卫生行政部门根据鉴定意见就赔偿问题强行对双方进行了调解。

法津分析

根据法律规定，发生医疗事故争议，需要鉴定的，应当由专门机关来鉴定是否属于医疗事故。《医疗事故处理条例》第20条规定："卫生行政部门接到医疗机构关于重大医疗过失行为的报告或者医疗事故争议当事人要求处理医疗事故争议的申请后，对需要进行医疗事故技术鉴定的，应当交由负责医疗事故技术鉴定工作的医学会组织鉴定；医患双方协商解决医疗事故争议，需要进行医疗事故技术鉴定的，由双方当事人共同委托负责医疗事故技术鉴定工作的医学会组织鉴定。"第21条规定："设区的市级地方医学会和省、自治区、直辖市直接管辖的县（市）地方医学会负责组织首次医疗事故技术鉴定工作。省、自治区、直辖市地方医学会负责组织再次鉴定工作。必要时，中华医学会可以组织疑难、复杂并在全国有重大影响的医疗事故争议的技术鉴定工作。"此为处理医疗事故争议的一般程序。

以下是发生医疗事故争议的当事人申请卫生行政部门处理的程序，《医疗事故处理条例》第37条规定："发生医疗事故争议，当事人申请卫生行政部门处理的，应当提出书面申请。申请书应当载明申请人的基本情况、有关事实、具体请求及理由等。当事人自知道或者应当知道其身体健康受到损害之日起1年内，可以向卫生行政部门提出医疗事故争议处理申请。"第38条规定："发生医疗事故争议，当事人申请卫生行政部门处理的，由医疗机构所在地的县级人民政府卫生行政部门受理。医疗机构所在地是直辖市的，由医疗机构所在地的区、县人民政府卫生行政部门受理。有下列情形之一的，县级人民政府卫生行政部门应当自接到医疗机构的报告或者当事人提出医疗事故争议处理申请之日起7日内移送上一级人民政府卫生行政部门处理：①患者死亡；②可能为二级以上的医疗事故；③国务院卫生行政部门和省、自治区、直辖市人民政府卫生行政部门规定的其他情形。"第39条规定："卫生行政部门应当自收到医疗事故争议处理申请之日起10日内进行审查，作出是否受理的决定。对符合本条例规定，予以受理，需要进行医疗事故技术鉴定的，应当自作出受理决定之日起5日内将有关材料交由负责医疗事故技术鉴定工作的医学会组织鉴定并书面通知申请人；对不符合本条例规定，不予受理的，应当书面通知申请人并说明理由。当事人对首次医疗事故技术鉴定结论有异议，申请再次鉴定的，卫生行政部门应当自收到申请之日起 7 日内交由省、自治区、直辖市地方医学会组织再次鉴定。"

　　当卫生行政部门受理后，当事人又向人民法院提起诉讼的，法律也作了相关的规定。《医疗事故处理条例》第 40 条规定："当事人既向卫生行政部门提出医疗事故争议处理申请，又向人民法院提起诉讼的，卫生行政部门不予受理；卫生行政部门已经受理的，应当终止处理。"依据本条的规定，行政处理程序和民事处理程序不能同时进行，医疗事故争议的当事人不能同时启动两种程序，同时在两个途径中解决医疗事故争议问题。如果当事人选择了行政程序，行政程序并不否定当事人仍有继续选择司法程序的可能。已经进入诉讼程序的，则不能进行行政处理。因为司法程序是解决医疗事故争议的最终途径，是民事救济的最终手段。

　　在本案中，张某在医学会组织专家鉴定的过程中，于 2011 年 6 月 15 日又向人民医院提起了民事诉讼，人民法院受理了此案。此时按照法律的要求，卫生行政部门应当终止处理，让人民法院来处理此事。但是，该卫生行政部门没有向负责医疗事故技术鉴定工作的医学会通知此事，仍然继续鉴定，这是违反法律规定的。在鉴定意见出来之后，卫生行政部门根据鉴定意见就赔偿问题强行对医患双方进行了调解，更是对法律规定地违反。卫生行政部门应当认真遵守法律规定，终止处理，让人民法院处理此次纠纷，不可以越俎代庖。

法律依据

　　《医疗事故处理条例》第 20、21、37、38、39、40 条。

22 发生医疗事故，是否必须有医疗事故的鉴定意见才可以提起民事诉讼？

案 件介绍

×省×县×村村民李某，最近几年来一直头痛。后去人民医院检查，发现其颅内有一良性肿瘤。于是李某与医院签订了《手术同意书》后，医院对李某做了开颅手术，摘除了这一良性肿瘤。手术后，医生对李某进行了缝合伤。过了一段时间后，李某来医院拆线。医生发现，李某的头部手术处有感染迹象。医生认为这是正常情况，于是给李某开了消炎药。但是，李某的情况越来越严重。李某去市医院检查后，发现自己开颅手术摘除良性肿瘤的部位遗留有一较大的卫生棉球，经过一段时间治疗，李某出院。李某出院后认为原县医院在对其做开颅手术时，严重不负责任，于是想将县人民医院告上人民法院，要求县医院赔偿其损失。李某没有找律师作为代理人，直接去法院立案。在去法院的途中，李某产生疑惑："我没有申请医疗事故鉴定，没有医疗事故鉴定意见，法院能判我胜诉吗？"于是李某没有去法院立案，而是向卫生行政部门提出了医疗事故处理争议的申请。

法 律分析

《医疗事故处理条例》第 42 条规定："卫生行政部门经审核，对符合本条例规定作出的医疗事故技术鉴定结论，应当作为对发生医疗事故的医疗机构和医务人员作出行政处理以及进行医疗事故赔偿调解的依据；经审核，发现医疗事故技术鉴定不符合本条例规定的，应当要求重新鉴定。"由此可见，医疗事故鉴定意见是卫生行政部门对发生医疗事故的医疗机构和医务人员作出行政处理及进行医疗事故赔偿调解的依据。

根据法律规定，发生医疗事故争议，需要鉴定的，应当由专门机关来鉴定是否属于医疗事故。《医疗事故处理条例》第 20 条规定："卫生行政部门接到医疗机构关于重大医疗过失行为的报告或者医疗事故争议当事人要求处理医疗事故争议的申请后，对需要进行医疗事故技术鉴定的，应当交由负责医疗事故技术鉴定工作的医学会组织鉴定；医患双方协商解决医疗事故争议，需要进行医疗事故技术鉴定的，由双方当事人共同委托负责医疗事故技术鉴定工作的医学会组织鉴定。"第 21 条规定："设区的市级地方医学会和省、自治区、直辖市直接管辖的县（市）地方医学会负责组织首次医疗事故技术鉴定工作。省、自治区、直辖市地方医学会负责组织再次鉴定工作。必要时，中华医学会可以组织疑难、复杂并在全国有重大影响的医疗事故争议的技术鉴定工作。"此为处理医疗事故争议的一般程序。

如果患者一方不向卫生行政部门提出要求处理医疗事故争议的申请的话，患者是否可以向人民法院提起诉讼？显而易见，患者当然有权向法院提起诉讼。患者向卫生行政部门提出要求处理医疗事故争议的申请与患者向人民法院提起诉讼完全是两条路径，而且，《医疗事故处理条例》第 40 条规定："当事人既向卫生行政部门提出医疗事故争议处理申请，又向人民法院提起诉讼的，卫生行政部门不予受理；卫生行政部门已经受理的，应当终止处理。"也就是说，当事人可以不用向卫生行政部门提出申请，卫生行政部门也不用审查后交付负责医疗事故技术鉴定工作的医学会负责组织鉴定，当事人可以直接向人民法院提起民事诉讼。

《民事诉讼法》第 119 条规定："起诉必须符合下列条件：①原告是与本案有直接利害关系的公民、法人和其他组织；②有明确的被告；③有具体的诉讼请求和事实、理由；④属于人民法院受理民事诉讼的范围和受诉人民法院管辖。"由此可以推出，人民法院对医疗纠纷立案没有特殊要求，只要符合《民事诉讼法》第119条规定的四个条件，就可以立案，即不需要医疗事故鉴定意见。

在本案中，根据法律的规定，李某是本案的直接利害关系人；有明确的被告——县医院；有具体的诉讼请求和事实；属于法院受理民事诉讼的范围和受诉人民法院管辖。李某完全可以向人民法院起诉，但是李某认为自己没有拿到医疗事故鉴定意见而没有向人民法院立案的做法，完全是不懂法律造成的。医疗事故鉴定书只是法院审查认定事实的证据，医疗事故鉴定意见需要经过质证、由法院审查确定是否作为医疗单位承担赔偿责任的依据。所以，医疗事故鉴定意见是认定案件事实的证据，不需要再起诉时就交给法院，它也不是人民法院对医疗纠纷案件的立案依据。

法 律依据

《医疗事故处理条例》第20、21、40、42条。
《中华人民共和国民事诉讼法》第119条。

23 医疗事故赔偿考虑的因素以及赔偿项目和标准是什么？

案 件介绍

2013年10月15日，×省×县×村村民赵某在自家厨房做饭时不小心引起了火灾，由于扑救及时，仅造成了赵某脸部和前胸灼伤，没有造成更严重的后果。赵某被其家属送往县人民医院烧伤科就诊。医生诊断后，认为问题不大，于是对赵某做了简单的处理并开了很多口服抗生素。服药后的第二天赵某的脸部和胸部的烧伤处出现了水泡。赵某赶紧去医院就诊，值班室医生随手从抽屉里取出一个注射器，用针头将出现的水泡挑破，并嘱咐赵某按时吃药。第三天，赵某脸部和胸部发热，挑破的部位流出黄色恶臭的分泌物，赵某疼痛难忍 。又过了三天，赵某脸部和胸部大面积溃烂。赵某家属及时送赵某到市人民医院，医院对其进行了碘氟消毒处理，并涂抹了药膏，同时静脉注射氧氟沙星注射液。经过 7 个月的休养治疗，赵某的脸部和胸部的情况好转，但是伤疤明显。其脸部和胸部有重度色素沉淀，赵某认为胸部出现色素还能忍受，但是不能接受脸部出现重度色素沉淀。于是，赵某向卫生行政部门申请处理医疗事故争议，卫生行政部门交由负责医疗事故技术鉴定工作的医学会组织鉴定。经过鉴定，认定为构成四级医疗事故。赵某于是向县医院要求赔偿医疗费、半年的误工费、住院伙食补助费、陪护费、交通费等 15 万元以及精神损害抚慰金 45 万元等等。县医院认为，赵某脸部已经好转，只是有伤疤，不会对赵某造成心理上的痛苦，不应赔偿精神损害抚慰金。赵某与医院协商未果，于是起诉到人民医院。

法律分析

发生医疗事故争议后，如何处理，我国有关法律作了明确的规定。《医疗事故处理条例》第 20 条规定："卫生行政部门接到医疗机构关于重大医疗过失行为的报告或者医疗事故争议当事人要求处理医疗事故争议的申请后，对需要进行医疗事故技术鉴定的，应当交由负责医疗事故技术鉴定工作的医学会组织鉴定；医患双方协商解决医疗事故争议，需要进行医疗事故技术鉴定的，由双方当事人共同委托负责医疗事故技术鉴定工作的医学会组织鉴定。"第 27 条规定："专家鉴定组依照医疗卫生管理法律、行政法规、部门规章和诊疗护理规范、常规，运用医学科学原理和专业知识，独立进行医疗事故技术鉴定，对医疗事故进行鉴别和判定，为处理医疗事故争议提供医学依据。任何单位或者个人不得干扰医疗事故技术鉴定工作，不得威胁、利诱、辱骂、殴打专家鉴定组成员。专家鉴定组成员不得接受双方当事人的财物或者其他利益。"第31条规定："专家鉴定组应当在事实清楚、证据确凿的基础上，综合分析患者的病情和个体差异，作出鉴定意见，并制作医疗事故技术鉴定书。鉴定意见以专家鉴定组成员的过半数通过。鉴定过程应当如实记载。"从以上规定可以看出，当专家鉴定组作出属于医疗事故的鉴定意见后，医疗机构应当承担赔偿责任。如果不属于医疗事故的，医疗机构不承担赔偿责任。

确定为医疗事故后，赔偿数额应考虑哪些因素呢？《医疗事故处理条例》第49条规定："医疗事故赔偿，应当考虑下列因素，确定具体赔偿数额：①医疗事故等级；②医疗过失行为在医疗事故损害后果中的责任程度；③医疗事故损害后果与患者原有疾病状况之间的关系。不属于医疗事故的，医疗机构不承担赔偿责任。"根据以上规定，首先，要考虑的是医疗事故的等级。《医疗事故处理条例》第4条规定："根据对患者人身造成的损害程度，医疗事故分为四级：一级医疗事故：造成患者死亡、重度残疾的；二级医疗事故：造成患者中度残疾、器官组织损伤导致严重功能障碍的；三级医疗事故：造成患者轻度残疾、器官组织损伤导致一般功能障碍的；四级医疗事故：造成患者明显人身损害的其他后果的。具体分级标准由国务院卫生行政部门制定。"其次，要考虑医疗过失行为在医疗事故损害后果中的责任程度。也就是说，要充分考虑医疗过失在多大程度上导致了医疗事故的损害后果，按照合理的比例确定责任程度。因为医疗事故中可能会有多种原因导致损害后果，所以要看医疗过失行为在这多种原因中起了多大的作用。最后，要考虑医疗事故损害后果与患者原有疾病状况之间的关系。如果损害后果完全是由于患者原有疾病引起的话，那么医疗机构就不应当承担赔偿责任。如果损害结果既是由医疗过失行为引起的，也与患者原有的疾病有不可避免的关系，就需要考虑减轻医疗机构的部分赔偿责任。

对"不属于医疗事故的，医疗机构不承担赔偿责任"要作出正确的理解。《侵权责任法》第 54 条规定："患者在诊疗活动中受到损害，医疗机构及其医务人员有过错的，由医疗机构承担赔偿责任。"也就是说，对于鉴定机构认为不构成医疗事故，但经审理能够认定医疗机构确实存在民事过错、符合民事侵权构成要件的，人民法院应当根据《侵权责任法》、《民法通则》等法律关于过错责任的规定，确定医疗机构医疗机构应当承担的民事责任，以保护患者的合法权益。

针对医疗事故赔偿的问题，法律也作了明确的规定。《医疗事故处理条例》第 50 条规定："医疗事故赔偿，按照下列项目和标准计算：①医疗费：按照医疗事故对患者造成的人身损害进行治疗所发生的医疗费用计算，凭据支付，但不包括原发病医疗费用。结案后确实需要继续治疗的，按照基本医疗费用支付。②误工费：患者有固定收入的，按照本人因误工减少的固定收入计算，对收入高于医疗事故发生地上一年度职工年平均工资 3 倍以上的，按照 3 倍计算；无固定收入的，按照医疗事故发生地上一年度职工年平均工资计算。③住院伙食补助费：按照医疗事故发生地国家机关一般工作人员的出差伙食补助标准计算。④陪护费：患者住院期间需要专人陪护的，按照医疗事故发生地上一年度职工年平均工资计算。⑤残疾生活补助费：根据伤残等级，按照医疗事故发生地居民年平均生活费计算，自定残之月起最长赔偿 30 年；但是，60 周岁以上的，不超过 15 年；70 周岁以上的，不超过 5 年。⑥残疾用具费：因残疾需要配置补偿功能器具的，凭医疗机构证明，按照普及型器具的费用计算。⑦丧葬费：按照医疗事故发生地规定的丧葬费补助标准计算。⑧被扶养人生活费：以死者生前或者残疾者丧失劳动能力前实际扶养且没有劳动能力的人为限，按照其户籍所在地或者居所地居民最低生活保障标准计算。对不满16周岁的，扶养到16周岁。对年满16周岁但无劳动能力的，扶养20年；但是，60周岁以上的，不超过15年；70周岁以上的，不超过5年。⑨交通费：按照患者实际必需的交通费用计算，凭据支付。⑩住宿费：按照医疗事故发生地国家机关一般工作人员的出差住宿补助标准计算，凭据支付。⑪精神损害抚慰金：按照医疗事故发生地居民年平均生活费计算。造成患者死亡的，赔偿年限最长不超过6年；造成患者残疾的，赔偿年限最长不超过3年。"

《医疗事故处理条例》第51条规定："参加医疗事故处理的患者近亲属所需交通费、误工费、住宿费，参照本条例第50条的有关规定计算，计算费用的人数不超过2人。医疗事故造成患者死亡的，参加丧葬活动的患者的配偶和直系亲属所需交通费、误工费、住宿费，参照本条例第50条的有关规定计算，计算费用的人数不超过2人。"第52条规定："医疗事故赔偿费用，实行一次性结算，由承担医疗事故责任的医疗机构支付。"依据上述规定，医疗事故赔偿的项目包括医疗费、误工费、住院伙食补助费、陪护费、残疾生活补助费、残疾用具费、丧葬费、被扶养人生活费、交通费、住宿费和精神损害抚慰金等。

对于如何确定精神损害赔偿，我国相关法律也作出了明确的规定。最高人民法院《关于确定民事侵权精神损害赔偿责任若干问题的解释》第9条规定："精神损害抚慰金包括以下方式：①致人残疾的，为残疾赔偿金；②致人死亡的，为死亡赔偿金；③其他损害情形的精神抚慰金。"第10条规定："精神损害的赔偿数额根据以下因素确定：①侵权人的过错程度，法律另有规定的除外；②侵害的手段、场合、行为方式等具体情节；③侵权行为所造成的后果；④侵权人的获利情况；⑤侵权人承担责任的经济能力；⑥受诉法院所在地平均生活水平。法律、行政法规对残疾赔偿金、死亡赔偿金等有明确规定的，适用法律、行政法规的规定。"

在本案中，县医院不予赔偿精神损害抚慰金的做法是错误的，因为精神损害抚慰金已经被法律纳入到了赔偿范围当中，属于法定的赔偿项目。并且，赵某的脸部确实遭受到了损害，其面容除非做手术否则无法恢复到以前，赵某的心理遭受痛苦是毋庸置疑的，医院应当赔偿其精神损害抚慰金。受害人或者死者近亲属遭受精神损害，赔偿权利人向人民法院请求赔偿精神损害抚慰金的，适用最高人民法院《关于确定民事侵权精神损害赔偿责任若干问题的解释》予以确定。精神损害赔偿的数额可以根据以下因素确定：侵权人的过错程度，法律另有规定的除外；侵害的手段、场合、行为方式等具体情节；侵权行为所造成的后果；侵权人的获利情况；侵权人承担责任的经济能力；受诉法院所在地平均生活水平。法律、行政法规对残疾赔偿金、死亡赔偿金等有明确规定的，适用法律、行政法规的规定。

法律依据

《医疗事故处理条例》第4、20、27、31、49、50、51、52条。

《中华人民共和国侵权责任法》第54条。

最高人民法院《关于确定民事侵权精神损害赔偿责任若干问题的解释》第9、10条。

24 卫生行政部门接到医疗事故争议处理申请后，未在规定的时间内审查　应当如何处理？

案件介绍

2012 年 9 月 8 日，王某因骨折去 A 医院骨科就诊看病。主治医生在给王某做手术时，把消毒棉布遗留在王某的骨折部位。后来，王某腿部发炎、溃烂，被送到市医院检查后才发现遗留有棉布。王某于 2012 年 10 月 5 日向县卫生行政部门提出要求处理医疗事故争议的申请。但是一个半月过去了，王某一直没有收到卫生行政部门的任何答复。王某只好向负责医疗事故技术鉴定的某医学会组织申请进行医疗事故鉴定。该医学会组织拒绝了王某的请求，告知其应向县卫生行政部门提出申请。王某这才发现，县卫生行政部门可能是故意不予答复，于是向市卫生行政部门反映了情况。

法律分析

《医疗事故处理条例》第 14 条规定："发生医疗事故的，医疗机构应当按照规定向所在地卫生行政部门报告。发生下列重大医疗过失行为的，医疗机构应当在 12 小时内向所在地卫生行政部门报告：①导致患者死亡或者可能为二级以上的医疗事故；②导致 3 人以上人身损害后果；③国务院卫生行政部门和省、自治区、直辖市人民政府卫生行政部门规定的其他情形。"第 20 条规定："卫生行政部门接到医疗机构关于重大医疗过失行为的报告或者医疗事故争议当事人要求处理医疗事故争议的申请后，对需要进行医疗事故技术鉴定的，应当交由负责医疗事故技术鉴定工作的医学会组织鉴定；医患双方协商解决医疗事故争议，需要进行医疗事故技术鉴定的，由双方当事人共同委托负责医疗事故技术鉴定工作的医学会组织鉴定。"第 27 条规定："专家鉴定组依照医疗卫生管理法律、行政法规、部门规章和诊疗护理规范、常规，运用医学科学原理和专业知识，独立进行医疗事故技术鉴定，对医疗事故进行鉴别和判定，为处理医疗事故争议提供医学依据。任何单位或者个人不得干扰医疗事故技术鉴定工作，不得威胁、利诱、辱骂、殴打专家鉴定组成员。专家鉴定组成员不得接受双方当事人的财物或者其他利益。"第31条规定："专家鉴定组应当在事实清楚、证据确凿的基础上，综合分析患者的病情和个体差异，作出鉴定意见，并制作医疗事故技术鉴定书。鉴定意见以专家鉴定组成员的过半数通过。鉴定过程应当如实记载。医疗事故技术鉴定书应当包括下列主要内容：①双方当事人的基本情况及要求；②当事人提交的材料和负责组织医疗事故技术鉴定工作的医学会的调查材料；③对鉴定过程的说明；④医疗行为是否违反医疗卫生管理法律、行政法规、部门规章和诊疗护理规范、常规；⑤医疗过失行为与人身损害后果之间是否存在因果关系；⑥医疗过失行为在医疗事故损害后果中的责任程度；⑦医疗事故等级；⑧对医疗事故患者的医疗护理医学建议。"

这是处理医疗事故争议的一般程序，法律作出了详细的规定，卫生行政部门应当依法履行法定职责，即接到申请人要求处理医疗事故争议的申请后，交由负责医疗事故技术鉴定工作的医学会组织鉴定，否则，就违反了法律的规定，没有依法履行职责。同时专家鉴定组应当在事实清楚、证据确凿的基础上，综合分析患者的病情和个体差异，作出鉴定意见，并制作医疗事故技术鉴定书。当专家鉴定组作出属于医疗事故的鉴定意见后，医疗机构应当承担赔偿责任。同时要注意，即使不构成医疗事故，但医疗机构若有过错，造成损害的，也要承担一定的责任

《医疗事故处理条例》第39条规定："卫生行政部门应当自收到医疗事故争议处理申请之日起10日内进行审查，作出是否受理

的决定。对符合本条例规定，予以受理，需要进行医疗事故技术鉴定的，应当自作出受理决定之日起 5 日内将有关材料交由负责医疗事故技术鉴定工作的医学会组织鉴定并书面通知申请人；对不符合本条例规定，不予受理的，应当书面通知申请人并说明理由。当事人对首次医疗事故技术鉴定意见有异议，申请再次鉴定的，卫生行政部门应当自收到申请之日起 7 日内交由省、自治区、直辖市地方医学会组织再次鉴定。"进一步说，假如医疗事故争议当事人向卫生行政部门提出要求处理医疗事故的申请，卫生行政部门没有在收到申请之日起法律规定的时间内进行审查，那就是对法律的违反，没有依法履行法定的职责。

在本案中，王某于 2012 年 10 月 5 日向县卫生行政部门提出要求处理医疗事故争议的书面申请。但一个半月过去了，王某竟没有收到卫生行政部门的任何答复。根据《医疗事故处理条例》第 39 条的规定，10 月 5 日王某向卫生行政部门提出书面申请后，卫生行政部门不管是否受理，都应当在 10 日内即 10 月 5 日至 15 日期间给予王某答复。而该县卫生局却没有任何答复，没有认真履行法定职责，是典型的不作为，是违反法律规定的。《医疗事故处理条例》第 54 条规定："卫生行政部门违反本条例的规定，有下列情形之一的，由上级卫生行政部门给予警告并责令限期改正；情节严重的，对负有责任的主管人员和其他直接责任人员依法给予行政处分：①接到医疗机构关于重大医疗过失行为的报告后，未及时组织调查的；②接到医疗事故争议处理申请后，未在规定时间内审查或者移送上一级人民政府卫生行政部门处理的；③未将应当进行医疗事故技术鉴定的重大医疗过失行为或者医疗事故争议移交医学会组织鉴定的；④未按照规定逐级将当地发生的医疗事故以及依法对发生医疗事故的医疗机构和医务人员的行政处理情况上报的；⑤未依照本条例规定审核医疗事故技术鉴定书的。"由此王某向上级卫生行政部门反映情况后，上级卫生行政部门应当给予警告并责令限期改正；情节严重的，对负有责任的主管人员和其他直接责任人员依法给予行政处分。

需要注意的是，当发生行政主体不作为的时候，广大农民可以以行政主体为被告，以不依法履行职责为由，向有关法院提起行政诉讼，以维护自己的合法权益。

法 律依据

《医疗事故处理条例》第14、20、27、31、39、54条。

25 医疗事故发生后，对医疗机构和负有责任的医务人员如何进行处罚？

案 件介绍

2010年10月，×省×县×村村民熊某因椎间盘突出到当地县人民医院治疗。经过医生的检查，认为需要对熊某进行手术治疗。在双方签订了《手术同意书》后，医院的张医生、王医生为其实施了手术，护士赵某参加了辅助了工作。手术过后，熊某下肢失去了知觉，无法下床走动，大小便失禁。后熊某转入省城大医院进行治疗，该医院组织专家会诊，诊断出熊某的马尾神经受到损害，生活将无法自理。在省城医院治疗期间，熊某委托其家人向卫生行政部门提交了医疗事故争议处理的申请。卫生行政部门受理后，交由负责医疗事故技术鉴定工作的医学会组织鉴定。后经专家组鉴定，由于张、王两位医生的严重不负责任，护士赵某输血不及时导致熊某瘫痪，构成了医疗事故。此时，如何对县人民医院以及两位医生进行处罚呢？

法律分析

《医疗事故处理条例》第 14 条规定："发生医疗事故的，医疗机构应当按照规定向所在地卫生行政部门报告。发生下列重大医疗过失行为的，医疗机构应当在 12 小时内向所在地卫生行政部门报告：①导致患者死亡或者可能为二级以上的医疗事故；②导致 3 人以上人身损害后果；③国务院卫生行政部门和省、自治区、直辖市人民政府卫生行政部门规定的其他情形。"第 20 条规定："卫生行政部门接到医疗机构关于重大医疗过失行为的报告或者医疗事故争议当事人要求处理医疗事故争议的申请后，对需要进行医疗事故技术鉴定的，应当交由负责医疗事故技术鉴定工作的医学会组织鉴定；医患双方协商解决医疗事故争议，需要进行医疗事故技术鉴定的，由双方当事人共同委托负责医疗事故技术鉴定工作的医学会组织鉴定。"这是医疗事故争议处理的一般程序，法律作出了详细的规定。

对于医疗事故发生后，医疗机构的责任，法律也作了明确的规定。《医疗事故处理条例》第 55 条规定："医疗机构发生医疗事故的，由卫生行政部门根据医疗事故等级和情节，给予警告；情节严重的，责令限期停业整顿直至由原发证部门吊销执业许可证，对负有责任的医务人员依照刑法关于医疗事故罪的规定，依法追究刑事责任；尚不够刑事处罚的，依法给予行政处分或者纪律处分。对发生医疗事故的有关医务人员，除依照前款处罚外，卫生行政部门并可以责令暂停 6 个月以上 1 年以下执业活动；情节严重的，吊销其执业证书。"

专家鉴定组依照医疗卫生管理法律、行政法规、部门规章和诊疗护理规范、常规，运用医学科学原理和专业知识，独立进行医疗事故技术鉴定，对医疗事故进行鉴别和判定，为处理医疗事故争议提供医学依据。任何单位或者个人不得干扰医疗事故技术鉴定工作，不得威胁、利诱、辱骂、殴打专家鉴定组成员。专家鉴定组成员不得接受双方当事人的财物或者其他利益。专家鉴定组应当在事实清楚、证据确凿的基础上，综合分析患者的病情和个体差异，作出鉴定意见，并制作医疗事故技术鉴定书。当专家鉴定组作出属于医疗事故的鉴定意见后，医疗机构应当承担赔偿责任。专家鉴定组鉴定为医疗事故后，根据法律的规定，卫生行政部门应当对发生医疗事故的医疗机构作出处罚。卫生行政部门根据医疗事故等级和情节，给予警告；情节严重的，责令限期停业整顿直至由原发证部门吊销执业许可证，对负有责任的医务人员依照刑法关于医疗事故罪的规定，依法追究刑事责任；尚不够刑事处罚的，依法给予行政处分或者纪律处分。对发生医疗事故的有关医务人员，除依照前款处罚外，卫生行政部门并可以责令暂停 6 个月以上 1 年以下执业活动；情节严重的，吊销其执业证书。

　　本案经专家组鉴定，构成了医疗事故。根据法律的规定，卫生行政部门根据医疗事故等级和情节，对县人民医院给予警告；如果情节严重的，县卫生行政部门责令县人民医院限期停业整顿直至由原发证部门吊销执业许可证。对于张、王两位医生，由于严重不负责任，造成了患者熊某终身瘫痪，已经构成了医疗事故罪，应当依法追究其刑事责任。《刑法》第 335 条的规定："医务人员由于严重不负责任，造成就诊人死亡或者严重损害就诊人身体健康的，处三年以下有期徒刑或者拘役。"对于在此次医疗事故中的护士赵某，卫生行政部门可以责令赵某暂停 6 个月以上 1 年以下执业活动；情节严重的，吊销其执业证书。

法 律依据

《医疗事故处理条例》第 14、20、55 条。

《中华人民共和国刑法》第 335 条。

26 医疗机构及其医务人员是否可以以医院内部管理的名义隐匿、销毁病历资料呢？

案件介绍

2014 年 10 月，×省×县×村村民肖某因静脉曲张到县人民医院就诊看病。经过医生检查，认为需要对其进行手术治疗。于是双方签订了《手术同意书》，医院为肖某做了手术。但是在手术过程中，主治医生张某未按照科学的医疗程序采用消毒器械，而是用了未消毒的手术刀具，导致肖某手术后发生严重感染。事后经过鉴定，认为构成医疗事故。肖某打算向人民法院起诉。肖某在向该县人民医院提出复制、复印门诊资料、体温单、医嘱单、化验单（检验报告）、医学影像检查资料、手术同意书、手术及麻醉记录单等病历资料时，该县人民医院的院长故意隐瞒这些病历资料，并将其中的部分病历资料销毁。肖某除了一本门诊病历手册外没有得到任何病历资料，便向该县卫生行政部门反映了情况。

法律分析

医疗机构有义务书写并妥善保管病人的病历资料，同时病人有复印或者复制病历资料的权利。对此我国法律作出了明确的规定。《医疗事故处理条例》第 8 条规定："医疗机构应当按照国务院卫生行政部门规定的要求，书写并妥善保管病历资料。因抢救急危患者，未能及时书写病历的，有关医务人员应当在抢救结束后 6 小时内据实补记，并加以注明。"第 9 条规定："严禁涂改、伪造、隐匿、销毁或者抢夺病历资料。"第 10 条规定："患者有权复印或者复制其门诊病历、住院志、体温单、医嘱单、化验单

（检验报告）、医学影像检查资料、特殊检查同意书、手术同意书、手术及麻醉记录单、病理资料、护理记录以及国务院卫生行政部门规定的其他病历资料。患者依照前款规定要求复印或者复制病历资料的，医疗机构应当提供复印或者复制服务并在复印或者复制的病历资料上加盖证明印记。复印或者复制病历资料时，应当有患者在场。医疗机构应患者的要求，为其复印或者复制病历资料，可以按照规定收取工本费。具体收费标准由省、自治区、直辖市人民政府价格主管部门会同同级卫生行政部门规定。"也就是说医疗机构应当履行自己的义务，在患者要求复制或者复印病历资料时予以配合。但是可以收取一定的工本费。同时《侵权责任法》第61条也作了有关规定："医疗机构及其医务人员应当按照规定填写并妥善保管住院志、医嘱单、检验报告、手术及麻醉记录、病理资料、护理记录、医疗费用等病历资料。患者要求查阅、复制前款规定的病历资料的，医疗机构应当提供。"如果医疗机构没有遵守上述法律的规定，即推定医疗机构存在过错。《侵权责任法》第58条规定："患者有损害，因下列情形之一的，推定医疗机构有过错：①违反法律、行政法规、规章以及其他有关诊疗规范的规定；②隐匿或者拒绝提供与纠纷有关的病历资料；③伪造、篡改或者销毁病历资料。"

针对医疗机构隐匿、销毁病历资料的行为，法律也作出了明确的规定予以处罚。《医疗事故处理条例》第58条规定："医疗机构或者其他有关机构违反本条例的规定，有下列情形之一的，由卫生行政部门责令改正，给予警告；对负有责任的主管人员和其他直接责任人员依法给予行政处分或者纪律处分；情节严重的，由原发证部门吊销其执业证书或者资格证书：①承担尸检任务的机构没有正当理由，拒绝进行尸检的；②涂改、伪造、隐匿、销毁病历资料的。"也就是说，在无正当理由拒绝进行尸检和涂改、伪造、隐匿、销毁病历资料的情况下，卫生行政部门责令该医疗机构改正并给予警告，并且对负有责任的主管人员和其他直接责任人员依法给予行政处分或者纪律处分。情节严重的，由原发证部门吊销其执业证书或者资格证书。

在本案例中，肖某在到该县人民医院就诊看病的过程中遭受了严重的人身伤害，经过鉴定构成了医疗事故。在肖某向该县人民医院提出复制、复印门诊资料、体温单、医嘱单、化验单（检验报告）、医学影像检查资料、手术同意书、手术及麻醉记录单等病历资料时，该县人民医院的院长故意隐瞒这些病历资料，并将其中的部分病历资料销毁。此种行为严重违反了医生的职业道德和法律规定，应当受到应有的处罚。肖某向县卫生局反映情况后，县卫生局在调查核实后，应当责令该县人民医院改正，并给予警告；对于该院长要依法给予行政处分或纪律处分，如果确实属实且情节严重，可以由原发证部门吊销其该院长执业证书或者资格证书。

法 律依据

《医疗事故处理条例》第 8、9、10、58 条。

《中华人民共和国侵权责任法》第 58、61 条。

---

27 医疗事故鉴定的工作人员是否可以接受医疗机构的请客送礼？

案 件介绍

2013 年 9 月 5 日，产妇赵某被其丈夫送到了县人民医院妇产科待产，经过产前检查，一切正常，同时也发现赵某贫血，但是医生未采取任何措施。2013 年 9 月 6 日下午，产妇赵某出现分娩迹象。于是，医生为其做了剖腹产手术，一切比较顺利。但是，手术后，赵某因为失血过多导致失血性休克死亡。王某的丈夫悲痛不已，认为医院在产前检查时就已经发现了妻子赵某贫血，但是没有采取任何措施，医院应承担全部责任。赵某的丈夫向县卫生行政部门提交了处理医疗事故争议的书面申请，县卫生行政部门受理其申请后交由负责医疗事故技术鉴定工作的医学会组织鉴定。于是该医学会主持了专家鉴定组的组成工作，在赵某丈夫和医疗机构代表人员在场的情况下，随机抽取了5名专家，专家鉴定组开始进行调查。按照法律的规定，造成患者死亡的情形下，应构成一级甲等医疗事故。但是，在专家鉴定组的鉴定意见中，认为构成了二级乙等医疗事故。赵某的丈夫不服，直接向县卫生行政部门提出再次鉴定的申请，并向公安机关举报专家鉴定组涉嫌收受医院的财物。事后查明，在专家鉴定组5名成员进行鉴定的过程中，县人民医院宴请了其中的3名专家并且赠送了3名专家每人1万元的购物卡，请求他们在医疗事故鉴定中把级别降低一级。于是，专家鉴定组在最后的鉴定意见中给出了二级乙等医疗事故的意见。

法律分析

发生医疗事故争议，需要专家鉴定组鉴定的，我国法律对此作出了明确的规定。《医疗事故处理条例》第14条规定："发生医疗事故的，医疗机构应当按照规定向所在地卫生行政部门报告。发生下列重大医疗过失行为的，医疗机构应当在12小时内向所在地卫生行政部门报告：①导致患者死亡或者可能为二级以上的医疗事故；②导致3人以上人身损害后果；③国务院卫生行政部门和省、自治区、直辖市人民政府卫生行政部门规定的其他情形。"第20条规定："卫生行政部门接到医疗机构关于重大医疗过失行为的报告或者医疗事故争议当事人要求处理医疗事故争议的申请后，对需要进行医疗事故技术鉴定的，应当交由负责医疗事故技术鉴定工作的医学会组织鉴定；医患双方协商解决医疗事故争议，需要进行医疗事故技术鉴定的，由双方当事人共同委托负责医疗事故技术鉴定工作的医学会组织鉴定。"第 27 条规定："专家鉴定组依照医疗卫生管理法律、行政法规、部门规章和诊疗护理规范、常规，运用医学科学原理和专业知识，独立进行医疗事故技术鉴定，对医疗事故进行鉴别和判定，为处理医疗事故争议提供医学依据。任何单位或者个人不得干扰医疗事故技术鉴定工作，不得威胁、利诱、辱骂、殴打专家鉴定组成员。专家鉴定组成员不得接受双方当事人的财物或者其他利益。"第 31 条规定："专家鉴定组应当在事实清楚、证据确凿的基础上，综合分析患者的病情和个体差异，作出鉴定意见，并制作医疗事故技术鉴定书。鉴定意见以专家鉴定组成员的过半数通过。鉴定过程应当如实记载。"

对于参加医疗事故技术鉴定的专家人员接受医患双方或者一方当事人的财物或者其他利益，出具了虚假的医疗事故技术鉴定的行为，《医疗事故处理条例》对此作出了明确的规定，其第 57 条规定："参加医疗事故技术鉴定工作的人员违反本条例的规定，接受申请鉴定双方或者一方当事人的财物或者其他利益，出具虚假医疗事故技术鉴定书，造成严重后果的，依照刑法关于受贿罪的规定，依法追究刑事责任；尚不够刑事处罚的，由原发证部门吊销其执业证书或者资格证书。"《刑法》第 385 条规定："国家工作人员利用职务上的便利，索取他人财物的，或者非法收受他人财物，为他人谋取利益的，是受贿罪。国家工作人员在经济往来中，违反国家规定，收受各种名义的回扣、手续费，归个人所有的，以受贿论处。"第 386 条规定："对犯受贿罪的，根据受贿所得数额及情节，依照本法第 383 条的规定处罚。索贿的从重处罚。"第 383 条规定:"对犯贪污罪的,根据情节轻重,分别依照下列规定处罚:①个人贪污数额在十万元以上的,处十年以上有期徒刑或者无期徒刑,可以并处没收财产;情节特别严重的,处死刑,并处没收财产。②个人贪污数额在五万元以上不满十万元的,处五年以上有期徒刑,可以并处没收财产;情节特别严重的,处无期徒刑,并处没收财产。③个人贪污数额在五千元以上不满五万元的,处一年以上七年以下有期徒刑;情节严重的,处七年以上十年以下有期徒刑。个人贪污数额在五千元以上不满一万元,犯罪后有悔改表现、积极退赃的,可以减轻处罚或者免予刑事处罚,由其所在单位或者上级主管机关给予行政处分。④个人贪污数额不满五千元,情节较重的,处二年以下有期徒刑或者拘役;情节较轻的,由其所在单位或者上级主管机关酌情给予行政处分。对多次贪污未经处理的,按照累计贪污数额处罚。"第 393 条规定:"单位为谋取不正当利益而行贿,或者违反国家规定,给予国家工作人员以回扣、手续费,情节严重的,对单位判处罚金,并对其直接负责的主管人员和其他直接责任人员,处五年以下有期徒刑或者拘役。因行贿取得的违法所得归个人所有的,依照本法第 389 条、第 390 条的规定定罪处罚。"

通过以上规定可以看出,参加医疗事故技术鉴定工作的人员违反了《医疗事故处理条例》的有关规定,接受了申请鉴定一方或双方当事人的财物或其他利益,出具虚假医疗事故技术鉴定书,造成严重后果的,触犯了刑法的规定,构成受贿罪;行贿的一方可能构成行贿罪或单位行贿罪。

在本案例中,产妇赵某被丈夫送到了县人民医院妇产科待产。经过产前检查,一切正常,但同时也发现赵某贫血,而医生没有采取任何措施。手术后赵某因为失血过多导致失血性休克死亡,按照法律的规定,应当构成一级甲等医疗事故。但是,专家鉴定组的 3 名专家却收受县医院的贿赂作出了违反法律的鉴定,即作出了二级乙等医疗事故的鉴定意见。县医院的行贿行为和 3 名专家的受贿行为分别构成了单位行贿罪和受贿罪。要依据《中华人民共和国刑法》依法对县医院和 3 名鉴定专家作出处罚。

法律依据

《医疗事故处理条例》第 14、20、27、31、57 条。
《中华人民共和国刑法》第 383、385、386、393 条。

---

28 医疗事故争议发生后,患者家属数人围集医院、扰乱医院医疗秩序的行为是否构成犯罪?

案件介绍

×省×县×村村民冯某因腹部疼痛,在妻子张某的陪同下到县人民医院就诊,经过检查,发现冯某腹部有一个拳头大小的肿瘤。经过化验以后,属于良性肿瘤,但是不排除后期癌变的可能。在双方签订了《手术同意书》后,医院为冯某做了肿瘤摘除手术。但是,手术后,冯某就呼吸困难,身体出现排异反应,后经抢救无效死亡。经事后查明,冯某在手术时因为大出血需要进行输血,护士没有认真核对冯某的血型,弄错了血袋,导致冯某排异反应严重,最终死亡。妻子张某在被告知冯某死亡的消息后,悲痛万分。在得知是由于医院输血错误导致冯某死亡时,妻子张某顿时在医院大吵大闹。医院保安人员不得不对其进行安慰并且制止,在扯拉时由于张某的挣扎不小心扭伤了她。张某于是打电话给冯某的大哥,说:"冯某被医院弄死了,医院还打伤了我!你们赶紧来,多叫些人来!"过了四十多分钟,医院门口来了 5 辆车,下来了 25 人。在李某和冯某大哥的带领下,他们把冯某的尸体抢下来放在医院门口，要求医院赔礼道歉，并赔偿损失100万元，并要求做手术的医生出来跪在冯某尸体旁。医院没有及时回应。李某和冯某的大哥带领部分人冲进医院内，不让医生继续看病，非要医院交出给冯某做手术的医生和护士。医院为了给其他病人继续看病，最终还是让手术医生和护士出面。李某等人把手术医生和护士拖出来并强迫其跪在冯某的尸体前。这严重扰乱了正常的医疗秩序，医院院长在与李某、冯某大哥沟通无效的情况下，报了警。警察迅速出面解决，防止了事态的扩大。

法 律分析

发生了医疗事故争议后，医患双方应当依据法律规定的程序理智的处理问题（尤其是患者一方），而不能因医疗事故做出违法的事情来，否则事情不但解决不了，还要受到法律的惩处。

我国法律对医疗事故争议规定了一般程序。《医疗事故处理条例》第13条规定："医务人员在医疗活动中发生或者发现医疗事故、可能引起医疗事故的医疗过失行为或者发生医疗事故争议的，应当立即向所在科室负责人报告，科室负责人应当及时向本医疗机构负责医疗服务质量监控的部门或者专（兼）职人员报告；负责医疗服务质量监控的部门或者专（兼）职人员接到报告后，应当立即进行调查、核实，将有关情况如实向本医疗机构的负责人报告，并向患者通报、解释。"第20条规定："卫生行政部门接到医疗机构关于重大医疗过失行为的报告或者医疗事故争议当事人要求处理医疗事故争议的申请后，对需要进行医疗事故技术鉴定的，应当交由负责医疗事故技术鉴定工作的医学会组织鉴定；医患双方协商解决医疗事故争议，需要进行医疗事故技术鉴定的，由双方当事人共同委托负责医疗事故技术鉴定工作的医学会组织鉴定。"通过以上可以看出，如果患者一方认为构成医疗事故需要鉴定的话,可以向卫生行政部门提出处理医疗事故争议的申请。卫生行政部门认为需要进行医疗事故技术鉴定的,应当交由负责医疗事故技术鉴定工作的医学会组织鉴定;医患双方协商解决医疗事故争议,需要进行医疗事故技术鉴定的,由双方当事人共同委托负责医疗事故技术鉴定工作的医学会组织鉴定。

患者一方没有申请医疗事故技术鉴定的,还可以采取其他的合法方式维护自己的合法权益。《医疗事故处理条例》第 46 条规定:"发生医疗事故的赔偿等民事责任争议,医患双方可以协商解决;不愿意协商或者协商不成的,当事人可以向卫生行政部门提出调解申请,也可以直接向人民法院提起民事诉讼。"也就是说,患者一方可以直接与医疗机构协商解决赔偿问题;协商不成的,可以向卫生行政部门提出调解申请;最终也可以直接向人民法院提起诉讼,以维护自己的合法权益。

但是,法律绝对不允许患者一方聚集众多人员到医疗机构去闹、去威胁、去实施暴力行为。法律既然明确规定了解决医疗事故争议的方式和程序,就是希望将医疗事故纠纷纳入到合理的解决轨道上,避免自力救济带来的不良后果。《侵权责任法》第 64 条规定:"医疗机构及其医务人员的合法权益受法律保护。干扰医疗秩序,妨害医务人员工作、生活的,应当依法承担法律责任。"《医疗事故处理条例》第 59 条规定:"以医疗事故为由,寻衅滋事、抢夺病历资料,扰乱医疗机构正常医疗秩序和医疗事故技术鉴定工作,依照刑法关于扰乱社会秩序罪的规定,依法追究刑事责任;尚不够刑事处罚的,依法给予治安管理处罚。"《治安管理处罚法》第 23 条规定:"有下列行为之一的,处警告或者 200 元以下罚款;情节较重的,处 5 日以上 10 日以下拘留,可以并处 500 元以下罚款:①扰乱机关、团体、企业、事业单位秩序,致使工作、生产、营业、医疗、教学、科研不能正常进行,尚未造成严重损失的；②扰乱车站、港口、码头、机场、商场、公园、展览馆或者其他公共场所秩序的；③扰乱公共汽车、电车、火车、船舶、航空器或者其他公共交通工具上的秩序的；④非法拦截或者强登、扒乘机动车、船舶、航空器以及其他交通工具，影响交通工具正常行驶的；⑤破坏依法进行的选举秩序的。聚众实施前款行为的，对首要分子处10日以上15日以下拘留，可以并处1000元以下罚款。"《刑法》第290规定："聚众扰乱社会秩序，情节严重，致使工作、生产、营业和教学、科研无法进行，造成严重损失的，对首要分子，处三年以上七年以下有期徒刑；对其他积极参加的，处三年以下有期徒刑、拘役、管制或者剥夺政治权利。聚众冲击国家机关，致使国家机关工作无法进行，造成严重损失的，对首要分子，处五年以上十年以下有期徒刑；对其他积极参加的，处五年以下有期徒刑、拘役、管制或者剥夺政治权利。"

在本案例中，冯某死亡以后，医疗机构应当按照正常的程序上报卫生行政部门，并安抚患者家属，对家属尽快作出解释和通报。患者的家属张某应当按照法律的规定，或者向卫生行政部门提出处理医疗事故的申请，等医疗事故鉴定意见作出后向医院索赔；或者直接与医院协商民事赔偿，或要求卫生行政部门进行调解；或者直接向人民法院提起民事诉讼。而张某却通知冯某的大哥叫来25名人员在医院大吵大闹，甚至带领部分人冲进医院内，不让医生继续看病，严重扰乱了医疗秩序，没有在法律规定的范围内解决问题。李某及其冯某的大哥作为此次聚众闹事的首要分子，应当以聚众扰乱社会秩序罪处罚，即处三年以上七年以下有期徒刑。对其他几个积极参与者也要按照聚众扰乱社会秩序罪处罚，即处三年以下有期徒刑、拘役、管制或者剥夺政治权利。对其他的参加者，按照《治安管理处罚法》进行处罚，即处五日以上十日以下拘留，可以并处五百元以下罚款。

法 律依据

《医疗事故处理条例》第13、20、46、59条。

《中华人民共和国侵权责任法》第64条。

《中华人民共和国治安管理处罚法》第23条。

《中华人民共和国刑法》第290条。

29 医院是否构成医疗事故罪？

案 件介绍

×省×县×村村民王某于2014年11月8日因左眼睛进入异物无法看得清任何东西，在妻子刘某的陪同下来到县人民医院就诊。经过检查，王某左眼进入一个小铁片，需要做手术取出异物。在双方签订了《手术同意书》后，医院的主科医生赵某和两名护士为王某做手术。王某的手术需要全身麻醉，在手术开始前，主治医生赵某对王某实施了全身的麻醉。手术开始很顺利，但是在手术进行中，王某因麻醉浅而有躁动影响了手术的进行。于是主治医生赵某将麻醉蒸发器开关全部打开约5分钟，对患者王某继续麻醉。随后王某的呼吸由快变慢，血压骤降。主治医生赵某意识到可能是乙醚过量，于是派护士找来麻醉组医生一起抢救。但是，由于乙醚过量，抢救不及时，最终导致王某死亡。王某之妻刘某认为医院应当负全部责任，要求医院赔偿损失，并认定医院构成医疗事故罪。

法 律分析

发生医疗事故，是否构成医疗事故罪，我国法律作出了明确的规定。《刑法》第 335 条规定："医务人员由于严重不负责任，造成就诊人死亡或者严重损害就诊人身体健康的，处三年以下有期徒刑或者拘役。"根据我国刑法的一般理论，认定医疗事故罪，需要从以下方面考虑。

首先是医疗事故罪的构成要件。行为主体必须是医务人员，即直接从事诊疗护理事务的人员，包括国家、集体医疗单位的医生、护士、药剂人员，以及经主管部门批准开业的个体行医人员。医疗责任事故，应是在诊疗护理工作中，因医务人员诊疗护理过失而造成的事故。由于诊疗护理工作是群体性的活动，构成医疗事故的行为人，还应包括从事医疗管理、后勤服务等人员。行为与结果表现为，严重不负责任，造成就诊人死亡或者严重损害就诊人身体健康。严重不负责任，是指医务人员在诊疗护理过程中，违反诊疗护理规章制度和技术操作规程，不履行或者不正确履行诊疗护理职责，粗心大意，马虎草率。行为既可以是作为，也可以是不作为，前者如护理人员打错针、发错药，后者如值班医生擅离职守。行为造成就诊人死亡或者严重损害就诊人身体健康的，才成立本罪。

对于如何认定医疗事故，法律也作了明确的规定。《医疗事故处理条例》第 2 条规定："本条例所称医疗事故，是指医疗机构及其医务人员在医疗活动中，违反医疗卫生管理法律、行政法规、部门规章和诊疗护理规范、常规，过失造成患者人身损害的事故。"第 4 条规定："根据对患者人身造成的损害程度，医疗事故分为四级：一级医疗事故：造成患者死亡、重度残疾的；二级医疗事故：造成患者中度残疾、器官组织损伤导致严重功能障碍的；三级医疗事故：造成患者轻度残疾、器官组织损伤导致一般功能障碍的；四级医疗事故：造成患者明显人身损害的其他后果的。具体分级标准由国务院卫生行政部门制定。"

其次是责任要件。责任形式为过失，包括疏忽大意的过失或过于自信的过失。疏忽大意的过失常常具体表现为，在医疗事故的发生中，根据行为人相应职称和岗位责任制要求，对自己的行为可能造成危害病人的结果，具有可预见性。过于自信的过失一般表现为，行为人虽然预见到自己的行为可能给病人导致危害结果，但轻信借助自己的技术、经验或有利的客观条件能够避免，因而产生了判断上和行为上的失误，导致发生危害结果。需要注意的是，构成了医疗事故，但不一定构成医疗事故罪。

在本案中，主治医生赵某，严重不负责任，应注意而不注意，造成患者王某由于吸收乙醚过量，抢救不及时，导致其死亡，已构成了医疗事故罪。但是依据我国《刑法》第335条的规定，医疗事故罪的主体只能是医务人员，不能是单位，即该医院不可以构成医疗事故罪。王某的妻子刘某可以主张医院进行民事赔偿，但是要求医院承担医疗事故罪是不正确的。医疗事故和医疗事故罪的承担主体是不一样的，医疗事故的承担主体应当由医疗事故责任的医疗机构来承担，而医疗事故罪的承担主体是医务人员。

法律依据

《医疗事故处理条例》第2、4条。

《中华人民共和国刑法》第335条。

30 如何认定非法行医罪？

案件介绍

×省×县×村村民张某，一直没有取得过医师执业证书。张某于 2010 年 5 月离开村子外出打工，2013 年 9 月回来后，就在村子里开了一个门诊部。张某告诉村民自己在外面学医了，而且学得很好。其实，张某在外地打工这三年只是在 X 医院里打扫卫生，根本没有学过医。张某在村里给人看病，也不太敢乱看，只是卖一些感冒药之类的日常保健的东西。2014 年 12 月，为了节约成本，张某从一个药贩子那里低价购进了一批假感冒药和一批假珍珠营养粉，药贩子说这些东西吃不死人的，你放心大胆地卖吧。由于是冬天，感冒的人比较多，于是张某在给人看病时，就给病人开了购进的假感冒药和假珍珠营养粉。后来，这些感冒的病人在吃了假感冒药和假的营养粉以后都出现了比较严重的中毒症状。张某开出的药严重危害了这些病人的身体健康。经事后查明，假的感冒药不仅一点真感冒药的成分都没有，而且含有过期的其他药粉成分，对人体健康非常危险。而假的珍珠营养粉根本不含有什么所谓的营养成分，完全是由劣质的奶粉勾兑而成，并且这些劣质奶粉经检验含有重金属铅，对人体伤害特别大。有人向公安机关报案，要求依法查处张某，但是张某认为自己是行医看病，不是故意害人，要抓也抓那个药贩子，自己没有犯罪。最后公安机关进行了立案侦查。

法津分析

非法行医罪，是指未取得医生执业资格的人非法行医，情节严重的行为。《刑法》第 336 条规定："未取得医生执业资格的人非法行医，情节严重的，处三年以下有期徒刑、拘役或者管制，并处或者单处罚金；严重损害就诊人身体健康的，处三年以上十年以下有期徒刑，并处罚金；造成就诊人死亡的，处十年以上有期徒刑，并处罚金。未取得医生执业资格的人擅自为他人进行节育复通手术、假节育手术、终止妊娠手术或者摘取宫内节育器，情节严重的，处三年以下有期徒刑、拘役或者管制，并处或者单处罚金；严重损害就诊人身体健康的，处三年以上十年以下有期徒刑，并处罚金；造成就诊人死亡的，处十年以上有期徒刑，并处罚金。"根据法律的规定，未取得医生执业资格的人非法行医，根据情节严重分为三个处罚程度：情节严重的，处三年以下有期徒刑、拘役或者管制，并处或者单处罚金；严重损害就诊人身体健康的，处三年以上十年以下有期徒刑，并处罚金；造成就诊人死亡的，处十年以上有期徒刑，并处罚金。对于如何认定非法行医罪，主要考虑以下方面：

首先，构成要件的内容为未取得医生执业资格却非法行医，情节严重的行为。行为主体必须是未取得医生执业资格的人。最高人民法院《关于审理非法行医刑事案件具体应用法律若干问题的解释》第1条规定："具有下列情形之一的，应认定为刑法第336条第1款规定的'未取得医生执业资格的人非法行医'：①未取得或者以非法手段取得医师资格从事医疗活动的；②个人未取得《医疗机构执业许可证》开办医疗机构的；③被依法吊销医师执业证书期间从事医疗活动的；④未取得乡村医生执业证书，从事乡村医疗活动的；⑤家庭接生员实施家庭接生以外的医疗行为的。"

依据上述规定，需要注意的是，只有同时取得医师资格和取得执业证书，才属于取得"医疗执业资格"。客观行为表现为非法行医，即非法从事诊断、治疗、医务护理工作，属于典型的职业犯，刑法所规定的构成要件包括了行为人反复非法行医的行为，不管非法行医的时间多长，也只能认定为一罪。认定非法行医罪，还需要"情节严重"以及"严重损害就诊人身体健康"。最高人民法院《关于审理非法行医刑事案件具体应用法律若干问题的解释》第2条规定："具有下列情形之一的，应认定为刑法第336条第1款规定的情节严重：①造成就诊人轻度残疾、器官组织损伤导致一般功能障碍的；②造成甲类传染病传播、流行或者有传播、流行危险的；③使用假药、劣药或不符合国家规定标准的卫生材料、医疗器械，足以严重危害人体健康的；④非法行医被卫生行政部门行政处罚两次以后，再次非法行医的；⑤其他情节严重的情形。"第3条规定："具有下列情形之一的，应认定为刑法第336条第1款规定的'严重损害就诊人身体健康'：①造成就诊人中度以上残疾、器官组织损伤导致严重功能障碍的；②造成三名以上就诊人轻度残疾、器官组织损伤导致一般功能障碍的。"同时要注意的是，患者的承诺不阻却非法行医的违法性。非法行医罪属于危害公共卫生（社会利益）的犯罪，任何人对社会法益都没有承诺的权限，故患者的承诺是无效的。

其次，责任形式为故意，行为人必须明知自己未取得医生执业资格而非法行医。非法行医行为造成就诊人身体健康的严重损害乃至死亡的，是结果加重犯。本罪属于职业犯，但不要求以营利为目的。未取得医生执业资格的人免费为他人行医，情节严重的，也应认定为本罪。

在本案中，张某的行为严重危害了这些病人的身体健康，扰乱了医疗秩序。也就是说，张某明知自己没有取得医生执业资格而故意非法行医，并且导致了该村多名感冒的村民身体健康受到严重损害，即严重扰乱了公共卫生和医疗秩序，张某构成了非法行医罪，依法进行惩处。

法 律依据

《中华人民共和国刑法》第 336 条。

《关于审理非法行医刑事案件具体应用法律若干问题的解释》第 1、2、3 条。

---

31 如何认定非法进行节育手术罪？

案 件介绍

×省×县×村村民陈某，50 岁，原为一名赤脚医生，在未取得执业医师资格的情况下，陈某私自在该村临近市区附近开设了以自己名字命名的私人诊所。虽然该诊所条件简陋，但是其收费比较低，来诊所看病的人员还是比较多的，尤其是以外来打工的居多。2013 年 5 月，来该市打工的怀孕妇女赵某想找一家比较便宜的诊所做人流手术打掉胎儿。5 月 11 日下午，赵某在其室友的陪同下来到了陈某的诊所。陈某在对赵某进行检查并收取赵某 500 元费用后，便准备对其实施手术。陈某曾经实施过 4 例流产手术，但是毕竟经验不足。由于陈某医术不高，在引产的过程中，造成赵某子宫破裂，胎盘早剥，大量出血。与赵某一起来的室友见赵某出血太厉害，要求陈某赶紧将赵某送往大医院。陈某认为出点血没事，于是抓紧时间止血。但是陈某的止血没有成功，赵某由于出血过多而出现休克状态。陈某见状，遂与赵某的室友一同将其送往该市妇幼保健院抢救。但是，由于赵某大量出血非常严重，送到市妇幼保健院时已经奄奄一息了，最终抢救无效死亡。

法 津分析

非法进行节育手术罪，是指未取得医生执业资格的人，擅自为他人进行节育复通手术、假节育手术、终止妊娠手术或者摘取宫内节育器，情节严重的行为。《刑法》第336条规定："未取得医生执业资格的人非法行医，情节严重的，处三年以下有期徒刑、拘役或者管制，并处或者 单处罚金；严重损害就诊人身体健康的，处三年以上十年以下有期徒刑，并处罚金；造成就诊人死亡的，处十年以上有期徒刑，并处罚金。未取得医生执业资格的人擅自为他人进行节育复通手术、假节育手术、终止妊娠手术或者摘取宫内节育器，情节严重的，处三年以下有期徒刑、拘役或者管制，并处或者单处罚金；严重损害就诊人身体健康的，处三年以上十年以下有期徒刑，并处罚金；造成就诊人死亡的，处十年以上有期徒刑，并处罚金。"对于如何认定非法进行节育罪，主要考虑以下方面。

首先，构成要件的内容为未取得医生执业资格的人擅自为他人进行节育复通手术、假节育手术、终止妊娠手术或者摘取宫内节育器，情节严重的行为。行为主体必须是未取得医生执业资格的人。最高人民法院《关于审理非法行医刑事案件具体应用法律若干问题的解释》第1条规定："具有下列情形之一的，应认定为刑法第336条第1款规定的'未取得医生执业资格的人非法行医'：①未取得或者以非法手段取得医师资格从事医疗活动的；②个人未取得《医疗机构执业许可证》开办医疗机构的；③被依法吊销医师执业证书期间从事医疗活动的；④未取得乡村医生执业证书，从事乡村医疗活动的；⑤家庭接生员实施家庭接生以外的医疗行为的。"依据上述规定，需要注意的是，只有同时取得医师资格和取得执业证书，才属于取得"医疗执业资格"。客观行为表现为擅自为他人进行节育复通手术、假节育手术、终止妊娠手术或者摘取宫内节育器，情节严重的行为，属于典型的职业犯，刑法所规定的构成要件包括了行为人反复的行为，不管非法行为的时间多长，也只能认定一罪。

其次，责任形式为故意，行为人必须明知自己未取得医生执业资格而非法进行节育手术的行为。

最高人民检察院、公安部《关于公安机关管辖的刑事案件立案追诉标准的规定（一）》第58条规定："未取得医生执业资格的人擅自为他人进行节育复通手术、假节育手术、终止妊娠手术或者摘取宫内节育器，涉嫌下列情形之一的，应予立案追诉：①造成就诊人轻伤、重伤、死亡或者感染艾滋病、病毒性肝炎等难以治愈的疾病的；②非法进行节育复通手术、假节育手术、终止妊娠手术或者摘取宫内节育器五人次以上的；③致使他人超计划生育的；④非法进行选择性别的终止妊娠手术的；⑤非法获利累计五千元以上的；⑥其他情节严重的情形。"

根据以上分析，陈某属于未取得医生执业资格的人员，且明知自己未取得医生执业资格而开设私人诊所。陈某擅自对赵某实施了人工流产手术，由于医术不精、经验不足，最终导致了赵某的死亡。因此，陈某构成了非法进行节育手术罪，按照法律的规定，造成就诊人死亡的，处10年以上有期徒刑，并处罚金。

法 律依据

《中华人民共和国刑法》第336条。

最高人民检察院、公安部《关于公安机关管辖的刑事案件立案追诉标准的规定（一）》第58条。

最高人民法院《关于审理非法行医刑事案件具体应用法律若干问题的解释》第1条。

32 患者对首次医疗事故技术鉴定意见不服的，是否可以提起再次鉴定申请？

案件介绍

2014 年 12 月 9 日，刘某在自己家中与朋友喝酒，喝醉酒后他在去厕所小便的时候不慎滑到，摔伤头部，且血流不止。刘某的妻子给他简单包扎后立即将刘某送到县人民医院治疗。但是，值班医生发现刘某喝醉，意识不清醒，只是简单地询问了一下，然后告诉刘某的妻子在走廊等着，等刘某酒醒了再说。刘某妻子说刘某的头部磕伤了，还是抓紧检查一下吧。值班医生再次拒绝。刘某妻子只好在医院走廊里照顾刘某，但是 50 分钟后刘某妻子发现刘某呼吸急促，便赶紧告诉了值班医生。值班医生出来看了一眼，然后开始给刘某进行检查，发现刘某确实损伤比较严重，需要输血。但是，还没有来得及输血，刘某的呼吸便由快变慢，渐渐没有呼吸了。值班医生见状不妙，立刻抢救，最终没有抢救过来，刘某死亡。事后，该医院向卫生行政部门报告了这一事件。刘某妻子也向县卫生行政部门提出了处理医疗事故争议的申请。卫生行政部门认为需要进行鉴定，于是交由负责医疗事故技术鉴定工作的医学会组织鉴定。经过专家组鉴定，认为刘某自己醉酒摔伤头部造成死亡，医院不构成医疗事故。刘某妻子不服，是否可以申请重新鉴定？

法律分析

发生医疗事故争议后，医疗机构应当按照规定向所在地卫生行政部门报告，或者由医疗事故争议当事人向卫生行政部门提出要求处理医疗事故争议的申请。卫生行政部门认为需要进行医疗事故技术鉴定的，应当交由负责医疗事故技术鉴定工作的医学会组织鉴定。参加医疗事故技术鉴定的相关专业的专家，由医患双方在医学会主持下从专家库中随机抽取。在特殊情况下，医学会根据医疗事故技术鉴定工作的需要，可以组织医患双方在其他医学会建立的专家库中随机抽取相关专业的专家参加鉴定或者函件咨询。专家鉴定组依照医疗卫生管理法律、行政法规、部门规章和诊疗护理规范、常规，运用医学科学原理和专业知识，独立进行医疗事故技术鉴定，对医疗事故进行鉴别和判定，为处理医疗事故争议提供医学依据。专家鉴定组应当在事实清楚、证据确凿的基础上，综合分析患者的病情和个体差异，作出鉴定意见，并制作医疗事故技术鉴定书。

专家组的鉴定工作要独立、公正，以事实清楚为依据，以证据确凿为前提，认真、客观地做好医疗事故的鉴定工作。任何单位或者个人不得干扰医疗事故技术鉴定工作，不得威胁、利诱、辱骂、殴打专家鉴定组成员。专家鉴定组成员不得接受双方当事人的财物或者其他利益。更进一步说，就是专家鉴定组进行医疗事故鉴定工作时，应严格按照法律程序进行，坚持实事求是的科学态度，做到事实清楚、定性准确、责任明确。我国有关法律也作出了明确的规定。《医疗事故技术鉴定暂行办法》第 3 条规定："医疗事故技术鉴定分为首次鉴定和再次鉴定。设区的市级和省、自治区、直辖市直接管辖的县（市）级地方医学会负责组织专家鉴定组进行首次医疗事故技术鉴定工作。省、自治区、直辖市地方医学会负责组织医疗事故争议的再次鉴定工作。负责组织医疗事故技术鉴定工作的医学会（以下简称医学会）可以设立医疗事故技术鉴定工作办公室，具体负责有关医疗事故鉴定的组织和日常工作。"第 40 条规定："任何一方当事人对首次医疗事故技术鉴定意见不服的，可以自收到首次医疗事故技术鉴定书之日起 15 日内，向原受理医疗事故争议处理申请的卫生行政部门提出再次鉴定的申请，或由双方当事人共同委托省、自治区、直辖市医学会组织再次鉴定。"第42条规定："当事人对鉴定意见无异议，负责组织医疗事故技术鉴定的医学会应当及时将收到的鉴定材料中的病历资料原件等退还当事人，并保留有关复印件。当事人提出再次鉴定申请的，负责组织首次医疗事故技术鉴定的医学会应当及时将收到的鉴定材料移送负责组织再次医疗事故技术鉴定的医学会。"

《医疗事故处理条例》第21条规定："设区的市级地方医学会和省、自治区、直辖市直接管辖的县（市）地方医学会负责组织首次医疗事故技术鉴定工作。省、自治区、直辖市地方医学会负责组织再次鉴定工作。必要时，中华医学会可以组织疑难、复杂并在全国有重大影响的医疗事故争议的技术鉴定工作。"第22条规定："当事人对首次医疗事故技术鉴定意见不服的，可以自收到首次鉴定意见之日起15日内向医疗机构所在地卫生行政部门提出再次鉴定的申请。"

通过以上规定可以看出，如果任何一方当事人对首次医疗事故技术鉴定意见不服的，可以自收到首次鉴定意见之日起15日内向医疗机构所在地卫生行政部门提出再次鉴定的申请，或者由省、自治区、直辖市地方医学会负责组织再次鉴定工作。

《医疗事故处理条例》第2条规定："本条例所称医疗事故，是指医疗机构及其医务人员在医疗活动中，违反医疗卫生管理法律、行政法规、部门规章和诊疗护理规范、常规，过失造成患者人身损害的事故。"可以看出医疗事故必须符合以下几个条件：第一，根据有关法律的规定，医疗事故的主体是医疗机构及其医务人员；第二，医疗事故必须发生在医疗活动中，即诊疗护理工作中，也包括为此服务的后勤和管理工作中；第三，在医疗事故中医疗事故的主体必须要有违法行为，这种违法行为是指违反卫生管理法律、行政法规、部门规章和诊疗护理规范、常规的行为；第四，医疗事故中要求医疗主体对患者造成的人身损害主观上必须是过失的；第五，医疗事故给患者造成了人身损害，也就是说，如果构成了医疗事故的话，那么患者一定遭受了人身损害；人身损害包括造成死亡、健康损害以及身体损害等；第六，损害行为与人身损害结果之间必须具有因果关系，也就是说，患者的人身损害与医疗机构及其医务人员的过失行为必须具有因果关系，才能确定医疗机构及其医务人员承担法律责任。

在以上案例中，刘某的妻子若不服专家组的鉴定意见，可以自收到首次鉴定意见之日起 15 日内向医疗机构所在地卫生行政部门提出再次鉴定的申请，或者由省、自治区、直辖市地方医学会负责组织再次鉴定工作。或者，刘某的妻子可以直接向人民法院提起民事诉讼。刘某的妻子在 15 日内向原受理的卫生行政部门再次申请后，卫生行政部门应通知组织首次鉴定的医学会，负责组织首次医疗事故技术鉴定的医学会应当及时将收到的鉴定材料移送负责组织再次医疗事故技术鉴定的医学会。

法津依据

《医疗事故技术鉴定暂行办法》第 3、40、42 条。
《医疗事故处理条例》第 2、21、22 条。

33 医疗事故中，如何认定医疗过失行为的责任程度？

案件介绍

2014 年 5 月，张某因严重感冒到县人民医院就诊，值班室医生开出了注射青霉素的处方，并安排张某到 404 病房 3 号床上等待。404 号病房一共有 4 张病床，当时就是张某和另一位病人薛某在病房里待着。薛某当时每天都在注射一定的营养液。护士赵某去病房 404 给张某注射青霉素时，没有按规定核对患者的姓名和床号，错把薛某当成了张某，注射了青霉素。张某因为感冒严重躺在病床上也没有注意，以为这是给薛某服务的护士。于是继续等待有人来给自己打点滴。随后，张某听到薛某发出急促的呼吸声，坐起来看到薛某抽搐，呼吸急促，于是喊来了护士。护士和医生过来后，赶紧抢救。由于薛某从未注射过青霉素，其发生过敏性休克，经抢救无效最终死亡。针对此案例，护士赵某的医疗过失行为的责任程度如何，以及怎样判断其责任程度？

法律分析

发生医疗事故后，如何界定医疗过失行为的责任程度，我国法律也作出了相应的规定。《医疗事故技术鉴定暂行办法》第 35 条规定："医疗事故技术鉴定书应当包括下列主要内容：①双方当事人的基本情况及要求；②当事人提交的材料和医学会的调查材料；③对鉴定过程的说明；④医疗行为是否违反医疗卫生管理法律、行政法规、部门规章和诊疗护理规范、常规；⑤医疗过失行为与人身损害后果之间是否存在因果关系；⑥医疗过失行为在医疗事故损害后果中的责任程度；⑦医疗事故等级；⑧对医疗事故患者的医疗护理医学建议。经鉴定为医疗事故的，鉴定结论应当包括上款④至⑧项内容；经鉴定不属于医疗事故的，应当在鉴定意见中说明理由。医疗事故技术鉴定书格式由中华医学会统一制定。"上述第⑥项就规定了医疗过失行为在医疗事故损害后果中的责任程度。那么医疗过失行为的责任程度是什么呢？在一般意义上讲，是指医疗过失行为在医疗事故中应当承担相应比例的责任。是完全责任、主要责任、次要责任，还是轻微责任，专家鉴定组要根据综合分析医疗过失行为在导致医疗事故损害后果中的作用、患者原有疾病状况等因素，判定医疗过失行为的责任程度。

《医疗事故技术鉴定暂行办法》第 36 条规定："专家鉴定组应当综合分析医疗过失行为在导致医疗事故损害后果中的作用、患者原有疾病状况等因素，判定医疗过失行为的责任程度。医疗事故中医疗过失行为责任程度分为：①完全责任，指医疗事故损害后果完全由医疗过失行为造成。②主要责任，指医疗事故损害后果主要由医疗过失行为造成，其他因素起次要作用。③次要责任，指医疗事故损害后果主要由其他因素造成，医疗过失行为起次要作用。④轻微责任，指医疗事故损害后果绝大部分由其他因素造成，医疗过失行为起轻微作用。"

通过第 36 条的规定可以看出，完全责任是指医疗事故损害后果完全由医疗过失行为造成。例如，由于医生在看病时没有按照常规使用消毒器械而是用了未消毒器具导致了病人严重感染，造成残疾的情形，就属于完全责任。主要责任，就是指医疗事故损害后果主要由医疗过失行为造成，其他因素起次要作用。例如，患者在手术后伤口严重感染，且病人确实未及时吃药。但事后查明，主要是手术时使用了未消毒的手术刀具等造成的感染，病人未及时吃药不影响医疗过失行为的主要责任。次要责任，指医疗事故损害后果主要由其他因素造成，医疗过失行为起次要作用。例如，患者去医院做人工流产手术时，未如实告知医生其 7 个月前刚做过流产手术，子宫已经受到伤害，在这次手术中，医生又不小心刮到了其 7 个月前的伤口，造成了伤害。在这种情况下，医疗过失行为属于次要责任。轻微责任是指医疗事故损害后果绝大部分由其他因素造成，医疗过失行为起轻微作用。需要注意的是，对四种责任的划分，看似简单，但是在具体的操作中还是较为困难，需要结合具体情况，认真区分。

依据上述有关规定，并结合本案例，护士赵某在给病人注射青霉素时，其职责之一就是核对病人的身份和床号。但赵某完全忽视了自己的这一职责要求，弄错注射对象，导致了薛某的死亡。此次医疗事故完全是赵某的医疗过失行为导致的，应承担完全责任。

需要注意的是，在本案例中，护士赵某的医疗过失行为，已经构成了医疗事故罪，依据《刑法》第335条"医务人员由于严重不负责任，造成就诊人死亡或者严重损害就诊人身体健康的，处三年以下有期徒刑或者拘役"的规定，需要对护士赵某予以刑事处罚。

法 律依据

《医疗事故技术鉴定暂行办法》第35、36条。
《中华人民共和国刑法》第335条。

---

34 未经医师亲自诊断，医疗机构是否可以出具疾病诊断书、健康证明书或者死亡证明书的证明文件？

案 件介绍

2013年9月，王某等四位农民工因为要在市区一家三星级酒店做帮厨，需要有健康证明书。于是王某等四位农民工来到了市医院要求开具健康证明书。医院说他们需要医生进行检查，于是，医院安排了王某等四人第三天上午检查。但是王某因为自己是乙肝患者不想查。于是王某怂恿其他三位说："等两天再来一趟挺麻烦的，不如我们今天花点钱让医院直接给我们开具健康证明，我们也不用查身体，后天也不用再来了，怎么样？"其他三位一听觉得挺好的，于是一起找到了医院的负责人，在送给 1000 元钱后，医疗机构为四人出具了健康证明书。王某等四人拿着健康证明书回到了应聘的三星级酒店之后，办妥了其他手续，成了该酒店的帮厨。

法律分析

《医疗机构管理条例》第 32 条规定："未经医师（士）亲自诊查病人，医疗机构不得出具疾病诊断书、健康证明书或者死亡证明书等证明文件；未经医师（士）、助产人员亲自接产，医疗机构不得出具出生证明书或者死产报告书。"根据此条规定，医疗机构出具证明文件，必须经过医师或医士的亲自诊断才可以出具证明文件。之所以这样规定，就是为了保证医疗机构对患者负责、对社会负责。任何机构和个人不得私自出具医疗证明，否则容易造成社会秩序的混乱。尤其是在一些餐饮行业不允许一些特殊传染病的患者就业，因为容易引起疾病的传染。此时，在餐饮行业要求就业者出具健康证明时，医疗机构应当认真诊断这些就业人员，为其开出是否健康的证明。另外，与其相类似的是出生证明书和死亡报告书。根据法律的规定，未经医师或医士、助产人员亲自接产，医疗机构不得出具出生证明书或者死亡报告书。

通过对以上案例的分析，王某等四人的行为和医院的行为都是错误的，甚至是违反法律规定的。

首先，王某等四人的做法是错误的。《中华人民共和国食品安全法》第 34 条规定："食品生产经营者应当建立并执行从业人员健康管理制度。患有痢疾、伤寒、病毒性肝炎等消化道传染病的人员，以及患有活动性肺结核、化脓性或者渗出性皮肤病等有碍食品安全的疾病的人员，不得从事接触直接入口食品的工作。食品生产经营人员每年应当进行健康检查，取得健康证明后方可参加工作。"由此可以看出，王某不适合从事餐饮行业的工作。王某在明知自己患有乙肝的情况下，怕丢掉工作，怂恿其他三位农民工不做健康检查的做法是错误的，其他三位农民工也应当亲自检查身体，看是否适应从事餐饮行业的工作。

其次，医院的做法也是错误的。医院的负责人在收取了王某等四人1000元后为其出具了健康证明，这不仅违反了执业道德，而且违反了法律的规定。根据法律的规定，疾病诊断书、健康证明书或者死亡证明书等证明文件都必须要经过医师或医士亲自诊断病人之后才能出具，这是法律作出的严格规定，任何机构和个人不得违反。

法津依据

《医疗机构管理条例》第32条。
《中华人民共和国食品安全法》第34条。

35 未构成医疗事故，是否可以主张医疗侵权？

案件介绍

2014年5月10日上午，×省×县×村村民赵某感觉肚子疼痛的厉害，于是在家人的陪同下到A医院检查，检查的结果是赵某患有急性阑尾炎，需要马上进行手术，于是赵某和A医院签订了《手术同意书》后，就做了手术。可是手术实施后没多久，赵某便出现便血症状，原来是A医院在为赵某实施阑尾炎切除手术时存在不当之处。赵某的家人及时将其送到省医院救治，花去医疗费6000多元。为此，赵某认为，A医院没有充分考虑自己的病情，在实施手术的过程中存在错误，应对其损害负责，赔偿其多支出的 6000 元医疗费。A 医院认为，对赵某的急性阑尾炎的诊断不存在过错，实施手术正确，不应当对赵某的损害负责。双方在协商无效的情况下，赵某将 A 医院告上法庭。法院在审查的过程中查明，A 医院在对赵某实施手术时存在一定的过错，对赵某的身体造成的损害不大，但不构成医疗事故。此时赵某是否可以获得赔偿呢？

法律分析

处理本案例的关键是在不构成医疗事故的前提下，如何维护患者的合法权益。《医疗事故处理条例》第 2 条规定："本条例所称医疗事故，是指医疗机构及其医务人员在医疗活动中，违反医疗卫生管理法律、行政法规、部门规章和诊疗护理规范、常规，过失造成患者人身损害的事故。"第 4 条规定："根据对患者人身造成的损害程度，医疗事故分为四级：一级医疗事故，造成患者死亡、重度残疾的；二级医疗事故，造成患者中度残疾、器官组织损伤导致严重功能障碍的；三级医疗事故，造成患者轻度残疾、器官组织损伤导致一般功能障碍的；四级医疗事故，造成患者明显人身损害的其他后果的。具体分级标准由国务院卫生行政部门制定。"第 49 条规定："医疗事故赔偿，应当考虑下列因素，确定具体赔偿数额：①医疗事故等级；②医疗过失行为在医疗事故损害后果中的责任程度；③医疗事故损害后果与患者原有疾病状况之间的关系。不属于医疗事故的，医疗机构不承担赔偿责任。"按照《医疗事故处理条例》的以上规定，医疗机构只有对构成医疗事故的医疗行为承担赔偿责任，对不构成医疗事故的其他损害不承担医疗责任。假如本案的赵某依据以上法律规定来维护自己的合法权益，是得不到法院的支持的。

我国的《民法通则》也作出了相应的规定，其第 106 条规定：

"公民、法人违反合同或者不履行其他义务的，应当承担民事责任。公民、法人由于过错侵害国家的、集体的财产，侵害他人财产、人身的，应当承担民事责任。没有过错，但法律规定应当承担民事责任的，应当承担民事责任。"依据此条的规定，在本案例中，A 医院是要承担赔偿责任的。A 医院在为赵某实施手术时存在不当之处，具有一定的过错，导致了赵某的损害，在没有出现免责事由的情况下，A 医院应当承担相应的民事责任。但是，在司法实践中，是依据《医疗事故处理条例》的规定还是依据《民法通则》的规定，是有偏差的，所以，赵某依据此条的规定，来维护自己的合法权益，也存在一定的风险。

《医疗事故处理条例》明确规定，不构成医疗事故，医院机构不承担赔偿责任；《民法通则》规定的又相对模糊，那么赵某如何维护自己的合法权益呢？依据《侵权责任法》的相关规定，就可以合理的维护自己的合法权益了，其第 54 条规定："患者在诊疗活动中受到损害，医疗机构及其医务人员有过错的，由医疗机构承担赔偿责任。"由此看出，患者在医疗活动中遭到人身损害的，不论是否达到医疗事故的程度，只要医疗机构存在过错，就可以直接依据《侵权责任法》的有关规定来维护自己的合法权益。

在本案例中，赵某因为 A 医院的过错行为出现了便血的症状，使身体遭受了损害，虽然 A 医院的行为不构成医疗事故，但医院的行为已经构成了医疗侵权，赵某完全依据《侵权责任法》的规定，要求 A 医院承担自己的损失。需要注意的是，面对着医患纠纷，在不构成医疗事故的情况下，患者如何维护自己的合法权益，是一个复杂的问题。在构成医疗事故的情况下，患者可以直接依据《医疗事故处理条例》维护自己的合法权益，又可以根据《侵权责任法》的规定来维护自己的权利，患者可以根据实际情况来选择；在不构成医疗事故时，医疗机构存在过错的，可以依据

《侵权责任法》的有关规定来维护自己的权利。同时，医疗机构及其医务人员要遵守注意义务，遵守职业道德，减少医疗事故的发生。

法 律依据

《医疗事故处理条例》第 2、4、49 条。

《中华人民共和国民法通则》第 106 条。

《中华人民共和国侵权责任法》第 54 条。

36 医疗机构实施手术前，患者昏迷又无法联系到其亲属时，需要等待其家属到场同意后才能进行手术吗？

案 件介绍

2011 年 5 月 3 日，刘某在回家的途中，被一辆轿车严重撞伤，迅速送往了附近的一家医院，情况紧急，经检查需要立即进行手术。根据法律的规定，医疗机构施行手术，必须征得患者的同意，签订《手术同意书》。但是，患者刘某已经严重昏迷，无法签字。送刘某来医院的是路过的一位行人。该行人路过时发现了刘某，就把其送到了附近的医院，然后就走了。医院在当时没有任何可以联系其亲人家属的信息。值班医生认为抢救病人是第一位的，并且病人需要立即进行手术，于是报告了医院院长，院长批准了该值班医生的医疗处置方案。于是，该值班医生认真组织人员抢救患者，但是最终因患者流血过多，抢救无效导致死亡。

法 律分析

医疗机构在进行手术前，患者昏迷又无法联系到其亲属时，医疗机构如何处理，《侵权责任法》和《医疗机构管理条例》作了明确的规定。《侵权责任法》第 56 条规定："因抢救生命垂危的患者等紧急情况，不能取得患者或者其近亲属意见的，经医疗机构负责人或者授权的负责人批准，可以立即实施相应的医疗措施。"《医疗机构管理条例》第 33 条规定："医疗机构施行手术、特殊检查或者特殊治疗时，必须征得患者同意，并应当取得其家属或者关系人同意并签字；无法取得患者意见时，应当取得家属或者关系人同意并签字；无法取得患者意见又无家属或者关系人在场，或者遇到其他特殊情况时，经治医师应当提出医疗处置方案，在取得医疗机构负责人或者被授权负责人员的批准后实施。"《医疗机构管理条例》第 31 条规定："医疗机构对危重病人应当立即抢救。对限于设备或者技术条件不能诊治的病人，应当及时转诊。"

通过以上分析，可以有如下理解：首先，在患者或家属都在场且患者清醒的情况下，要进行手术、特殊检查或者特殊治疗必须征得患者同意并且取得患者家属的同意；其次，如果患者和家属都在场且患者意识不清醒，无法表达自己的意见的情况时，要进行手术、特殊检查或者特殊治疗必须征得患者家属同意并签字；最后，如果患者意识不清醒无法表达自己的意见并且家属等都不在现场时，需要进行手术、特殊检查或者特殊治疗，此时，主治医生应当在提出医疗处理方案，并经医疗机构的负责人或者被授权负责人员的批准后实施。

在本案例中，医院虽然没有把患者从死亡中抢救出来，但是该医疗机构的做法显然是正确的，也是符合法律规定的。在现实生活中，有的医院接受了危重病人，而患者的家属正在赶来途中尚未交钱，这些医院坚持不交钱不救人的做法是严重错误的，既违背了医德，也违反了法律的规定。医疗机构对危重病人应当立即抢救；对限于设备或者技术条件不能诊治的病人，应及时转诊。

法律依据

《医疗机构管理条例》第31、33条。
《中华人民共和国侵权责任法》第56条。

---

37 对于患者是否可以适用安乐死？如果不合法，是否会构成故意杀人罪？

案件介绍

×省×县×村村民张某，96岁的高龄，因患有糖尿病严重住院治疗。由于张某年事已高，此病情恶化后，出现了一系列并发症，根本控制不住病情的恶化。后期，张某昏迷不醒，肌肉萎缩，后背出现褥疮并溃烂，大小便失禁，且小便的排除需要经尿道插入导尿管。张某的生命只能靠药物和机器维持。张某膝下有三子，小儿子见父亲异常痛苦，经常独自伤心。有一天，在小儿子陪床守护时，张某短暂醒来，用很小的声音告诉小儿子让他痛痛快快地走吧，不要再治了。小儿子最终下定了决心，主动要求医院对自己的父亲实施安乐死，并保证一切责任由自己承担，绝对不会追究医院的任何责任，并写下了书面同意书。在小儿子的再三恳求和签署书面同意书的情况下，当天医生赵某为患者张某实施了安乐死，注射了一定剂量的药物使张某安静地死去。张某死亡后，小儿子通知了两位哥哥，赶到医院时被确认死亡。了解了事情的情况后，产生了重大分歧，要求追究医院和不孝的小儿子的责任。向公安机关报案后，公安机关以医生赵某和张某的小儿子故意杀人逮捕了二人。后来人民法院开庭前，张某的大儿子、二儿子提起了附带民事诉讼，要求医院赔偿其精神损失。

法 律分析

在本案例中，问题的争议焦点是什么是生命健康权，尤其是如何对待安乐死的问题和民事赔偿问题。

关于生命健康权的问题。《民法通则》第98条规定："公民享有生命健康权。"公民生命健康权包含三类：生命权、健康权、身体权。生命权是一项独立的人格权，是指公民享有的生命安全不被非法剥夺、危害的权利，即公民的生命非经司法程序，任何人不得随意剥夺。健康权是指公民保护自己身体各器官、机能安全的权利。生命权是公民维护其生命安全利益的权力，主要表现为生命安全维护权，当他人非法侵害自身生命安全时，有权依法自卫和请求司法保护。凡致人死亡的非法行为均属侵害生命权的行为。生命对于我们只有一次，具有最高价值，生命安全是公民从事一切活动的物质前提和基本条件，生命一旦丧失，任何权利对于受害人而言均无价值。我们有权珍爱生命，维护生命安全。健康权是公民维护其身体健康，即生理机能正常运行、具有良好心理状态的权利。健康的内容主要表现为健康维护权，又两层含义：其一，保持自己健康的权利；其二，健康利益维护权，当健康受到不法侵害时，受害人享有司法保护请求权。身体权是公民维护其身体完整的人格权。

关于安乐死的问题。所谓安乐死，通常是指为免除患有不治之症、濒临死亡的患者的痛苦，受患者嘱托而使其无痛苦地死亡。安乐死分为不作为的安乐死和作为的安乐死。不作为的安乐死，是指对濒临死亡的患者，经其承若，不采取治疗措施任其死亡的安乐死。这种行为不构成故意杀人罪。作为的安乐死包括三种情况：一是没有缩短患者生命的安乐死，这种行为不构成犯罪；二是具有缩短生命危险的安乐死（间接安乐死），这种行为虽然具有缩短患者生命的危险，但事实上没有缩短患者的生命，也不成立故意杀人罪；三是作为缩短患者生命手段的安乐死（积极的安乐死），即为了免除患者的痛苦，而提前结束其生命的方法。对于安乐死的问题，各国立法不同。

美国的加利福尼亚州于1976年通过了世界上第一个正式的安乐死法令——《自然死亡法》。该法令明文规定，当有两个以上的医生证明患者已处于不可逆转的临终状态时，根据患者的愿望而终止维持生命的措施是合法的。荷兰、日本和我国的香港特别行政区的现行法律也先后肯定了安乐死的合法性。而在我国大陆地区，安乐死还没有合法化。救死扶伤是公民的道义责任，是医务人员的职业责任。对生命垂危、痛不欲生的患者，应尽量给予医务上的治疗和精神上的安慰，以减轻其痛苦。人为地提前结束患者生命的行为，还难以得到一般国民的认同。即使被害人同意，也是对他人生命的侵害。总之，在没有得到法律允许实施积极安乐死的情况下，实施积极的安乐死的行为，仍然构成故意杀人罪。在本案例中，显然张某的小儿子和医生赵某所实施的安乐死的行为构成故意杀人罪。

关于民事赔偿问题，最高人民法院《关于审理人身损害赔偿案件适用法律若干问题的解释》第1条第1款规定："因生命、健康、身体遭受侵害，赔偿权利人起诉请求赔偿义务人赔偿财产损失和精神损害的，人民法院应予受理。"由此可以看出，侵害自然人的生命、健康、身体，可能导致多方面的财产损失，如医疗费用，误工工资，交通、住宿、护理费用等，还包括残疾用具费用、必要的康复费用、后续治疗费用、丧葬费用以及被扶养人的生活费用等。另外，侵害自然人生命导致受害人死亡的，死者近亲属会产生相应的精神损害；在侵害自然人健康、身体导致受害人伤害或健康状况显著恶化，受害人本人可能会出现精神损害，在一些极端的情况下受害人的近亲属也可能出现精神损害。通过以上分析，结合本案例，人民法院应当予以受理。

针对本案例，小儿子为了帮助父亲安乐的死去，不再继续忍受疾病的痛苦也是尽孝的一种方式，而其余的两位哥哥却认为是不孝的行为。孝与不孝之间的争执，归根结底是安乐死是否合法的问题，在我国现阶段，实施积极的安乐死是构成故意杀人罪的。《刑法》第232条规定："故意杀人的，处死刑、无期徒刑或者十年以上有期徒刑；情节较轻的，处三年以上十年以下有期徒刑。"结合本案例，判决医生赵某和张某的小儿子有期徒刑3年，缓期执行即可。同时可以要求医院赔偿其精神损失费，具体赔偿数额，双方可以协商，协商无果的情况下，法院可以根据具体情况，作出判决，合理解决这次纠纷，安抚双方当事人，以维护社会秩序的稳定。

法律依据

《中华人民共和国民法通则》第98条。

最高人民法院《关于审理人身损害赔偿案件适用法律若干问题的解释》第1条第1款。

《中华人民共和国刑法》第232条。

38 健康权和身体权的具体含义是什么以及如何界定两者的区别？

案件介绍

2013年9月5日，×省×县×村村民黄某因为喝酒，同时自己的开车技术不精，发生了车祸，腿部流血不止。在被家人送到县人民医院检查后，医院给其做了手术，缝补伤口。因为黄某流血过多，需要输血600毫升。9月25日，黄某出院半年多之后，黄某常感觉无力，有时候持续低热，头痛，恶心，身体常有不适。

2014 年 5 月，黄某去市大医院检查身体。经检查，发现自己得了艾滋病。经专家确认和核实，有证据显示黄某原先绝对没有艾滋病。黄某之所以感染艾滋病是黄某在 2013 年 9 月 5 日去县人民医院输血时造成的。黄某向人民医院提起民事诉讼，要求县人民医院和县中心血库赔偿其经济损失和精神损害赔偿。在本例中，黄某的健康权和身体权都受到了侵害，还是只侵害了其中的一项权利？

法律分析

《民法通则》第 98 条规定："公民享有生命健康权。"也就是说，因生命、健康、身体遭受损害，赔偿权利人起诉请求赔偿义务人赔偿财产损失和精神损害的，人民法院应予受理。自然人因某些人格权利遭受非法侵害向人民法院起诉要求赔偿精神损失的，人民法院应当依法予以受理。这些人格权利包括生命权、健康权、身体权；姓名权、肖像权、名誉权、荣誉权；人格尊严权、人身自由权。既然法律规定生命权、健康权和身体权都属于人格权利，也就意味着健康权和身体权是不同的，否则，法律不会把二者并列起来。

健康权是自然人以其器官乃至整体的功能利益为内容的维护人的生命活动的权利。健康权包括生理健康和心理健康两部分内容。生理健康，是指人的身体的各个器官正常运转。心理健康，即精神健康。现代健康学认为，一个人即使各部分器官功能正常，但精神不健康，也不是正常的人。身体权是自然人对其身体利益的维护和对肢体、器官及其他组织完整性的保护与支配权。身体是生命的载体，身体权强调的是自然人对其身体组织器官有保持完整性的权利。尽管身体与生命相互依赖，但这是不同的权利。身体权受侵害，表现为身体完整性的破坏；生命权受侵害，必须以生命的不可逆转地丧失为标准。身体权与生命权、健康权密切相关，侵害自然人的身体往往导致对自然人健康的损害。

但是生命权以保护自然人生命的延续为内容，身体权所保护的是身体组织的完整及对身体组织的支配。由此可见，健康权与身体权关系密切，但是二者又不相同，有严格的区别，表现在以下几个方面：一是，健康权以身体器官和身体功能为客体，身体权以身体本身为客体；二是，健康权侧重于身体器官和身体功能的正常性和完整性，而身体权侧重于身体组织的完整性；三是，侵犯了人的健康权意味着人身体的某一部分功能遭到了破坏，侵犯了人的身体权则意味着人身体的某一部分缺失。但是，不能认为侵害了人身只能是侵犯了健康权或者身体权之一，在很多情况下可能既侵犯了健康权又侵犯了身体权。

当健康权或身体权受到侵害时，如何进行救济，有关法律作了明确的规定。最高人民法院《关于审理人身损害赔偿案件适用法律若干问题的解释》第1条第1款规定："因生命、健康、身体遭受侵害，赔偿权利人起诉请求赔偿义务人赔偿财产损失和精神损害的，人民法院应予受理。"最高人民法院《关于确定民事侵权精神损害赔偿责任若干问题的解释》第1条规定："自然人因下列人格权利遭受非法侵害，向人民法院起诉请求赔偿精神损害的，人民法院应当依法予以受理：①生命权、健康权、身体权；②姓名权、肖像权、名誉权、荣誉权；③人格尊严权、人身自由权。违反社会公共利益、社会公德侵害他人隐私或者其他人格利益，受害人以侵权为由向人民法院起诉请求赔偿精神损害的，人民法院应当依法予以受理。"

根据以上分析，在本案中黄某的身体没有受到破坏，其身体的完整性和完全性得到了很好的保护。但是黄某的身体功能却遭到了严重的破坏，艾滋病使其身体的免疫力严重下降，身体的正常功能已经发生紊乱。因此,在本案中,是黄某的健康权遭到了侵害。县人民医院和县中心血库不能举出证据证明黄某在输血前就已经患了艾滋病,也不能举证证明黄某在输血之后有其他感染艾滋病的途径。因此,法院应当认定黄某遭受的损害与输血之间存在因果关系。县人民医院和县中心血库的行为,明显侵害了黄某的健康权,黄某可以主张财产损失和精神赔偿,而法院应当予以支持。

法律依据

《中华人民共和国民法通则》第98条。

最高人民法院《关于审理人身损害赔偿案件适用法律若干问题的解释》第1条。

最高人民法院《关于确定民事侵权精神损害赔偿责任若干问题的解释》第1条。

39 何为患者的"隐私权"以及如何维护?

案件介绍

2013年9月5日,张某去该县妇产医院做人流手术。当张某脱下衣服接受检查时,主治医生赵某突然叫来多名实习医生来观摩手术步骤。张某很羞愧,要求实习医生回避,却被主治医生赵某拒绝,并让张某躺好接受检查。这样主治医生以张某为"标本"现场讲解各部分的名称、症状等,持续了七八分钟。手术后,张某认为A市医院侵犯了自己的隐私权,将该县妇产科医院告上法庭,要求该妇产科医院赔礼道歉,并赔偿其精神损失费15万元。县妇产科医院认为:让实习医生观摩手术步骤,是培养实习医生的实践能力的正常做法，谈不上侵犯隐私权，不然，如何完成培养医学院学生的任务。按照医学界的惯例，这种情况一般不会告诉患者的。医学界一直是这样操作的，法律也没有禁止这么做，没有什么不妥的。医患双方争执不休，法院如何判决呢？

法 律分析

本案例争议的焦点是患者的隐私权问题，更进一步说是医患双方利益平衡的问题。

所谓隐私权是指个人享有的私人生活安宁和私人信息依法受到保护，未经本人同意，任何机构或者个人不得侵扰、知悉、搜集、利用和公开的人格权，具体包括私人生活安宁权和私人信息秘密权。在医疗过程中患者享有充分的隐私权。未经患者同意，对于患者的生理特点、生理缺陷、疾病史、婚姻史等，医疗机构不得任意干涉或公布。我国有关法律也作出了明确的规定。《执业医师法》第 22 条规定："医师在执业活动中履行下列义务：①遵守法律、法规，遵守技术操作规范；②树立敬业精神，遵守职业道德，履行医师职责，尽职尽责为患者服务；③关心、爱护、尊重患者，保护患者的隐私；④努力钻研业务，更新知识，提高专业技术水平；⑤宣传卫生保健知识，对患者进行健康教育。"《护士条例》18 条："护士应当尊重、关心、爱护患者，保护患者的隐私。"《侵权责任法》第 62 条规定："医疗机构及其医务人员应当对患者的隐私保密。泄露患者隐私或者未经患者同意公开其病历资料，造成患者损害的，应当承担侵权责任。"以上法律、法规都明确规定了对隐私权的保护，由此可以看出，个人对私生活享有秘而不宣的权利和禁止他人干涉的权利。反之，非法地公开、传播他人的隐私，即使传播的内容是真实的，也构成对隐私权的侵犯。是否构成对隐私权的侵犯，必须具备以下四个条件：①要有侵犯隐私权的行为；②加害方有过错；③发生了损害结果；④侵犯隐私权的行为和损害结果之间存在因果关系。

最高人民法院《关于确定民事侵权精神损害赔偿责任若干问题的解释》第 1 条规定："自然人因下列人格权利遭受非法侵害，向人民法院起诉请求赔偿精神损害的，人民法院应当依法予以受理：①生命权、健康权、身体权；②姓名权、肖像权、名誉权、荣誉权；③人格尊严权、人身自由权。违反社会公共利益、社会公德侵害他人隐私或者其他人格利益，受害人以侵权为由向人民法院起诉请求赔偿精神损害的，人民法院应当依法予以受理。"本案张某要求的精神损害赔偿数额可以根据案件的具体情况和自身的受害程度来予以确定。

需要注意的是，充分维护患者的隐私权，是必需的，但是医院的说法也不无道理，关键就是如何平衡医患双方的利益，也就成为了当务之急。

法 律依据

《中华人民共和国执业医师法》第 22 条。

《护士条例》第 18 条。

《中华人民共和国侵权责任法》第 62 条。

最高人民法院《关于确定民事侵权精神损害赔偿责任若干问题的解释》第 1 条。

第二部分

有关医疗法律、法规及重点条文解读

1.《中华人民共和国侵权责任法》 全文及重点条文解读

（2009 年 12 月 26 日第十一届全国人民代表大会常务委员会第十二次会议通过，2009 年 12 月 26 日中华人民共和国主席令第 21 号公布，自 2010 年 7 月 1 日起施行）

第一章 一般规定

第一条 为保护民事主体的合法权益，明确侵权责任，预防并制裁侵权行为，促进社会和谐稳定，制定本法。

第二条 侵害民事权益，应当依照本法承担侵权责任。

本法所称民事权益，包括生命权、健康权、姓名权、名誉权、荣誉权、肖像权、隐私权、婚姻自主权、监护权、所有权、用益物权、担保物权、著作权、专利权、商标专用权、发现权、股权、继承权等人身、财产权益。

第三条 被侵权人有权请求侵权人承担侵权责任。

第四条 侵权人因同一行业应当承担行政责任或者刑事责任的，不影响依法承担侵权责任。

因同一行为应当承担侵权责任和行政责任、刑事责任，侵权人的财产不足以支付的，先承担侵权责任。

第五条 其他法律对侵权责任另有特别规定的，依照其规定。

第二章 责任构成和责任方式

第六条 行为人因过错侵害他人民事权益，应当承担侵权责任。

根据法律规定推定行为人有过错，行为人不能证明自己没有过错的，应当承担侵权责任。

解读：过错推定，是指根据法律规定推定行为人有过错，行为人不能证明自己没有过错的，应当承担侵权责任。

第七条 行为人损害他人民事权益，不论行为人有无过错，法律规定应当承担侵权责任的，依照其规定。

解读：适用无过错责任原则的意义在于加重行为人的责任，及时救济受害人，使其损害赔偿请求权更容易实现。其构成要件包括：①行为人实施了损害行为；②受害人受到损害；③行为与损害之间具有因果关系；④不存在法定的不承担责任的情形。

第八条 二人以上共同实施侵权行为，造成他人损害的，应当承担连带责任。

第九条 教唆、帮助他人实施侵权行为的，应当与行为人承担连带责任。

教唆、帮助无民事行为能力人、限制民事行为能力人实施侵权行为的，应当承担侵权责任；该无民事行为能力人、限制民事行为能力人的监护人未尽到监护责任的，应当承担相应的责任。

第十条 二人以上实施危及他人人身、财产安全的行为，其中一人或者数人的行为造成他人损害，能够确定具体侵权人的，由侵权人承担责任；不能确定具体侵权人的，行为人承担连带责任。

第十一条 二人以上分别实施侵权行为造成同一损害，每个人的侵权行为都足以造成全部损害的，行为人承担连带责任。

第十二条 二人以上分别实施侵权行为造成同一损害，能够确定责任大小的，各自承担相应的责任；难以确定责任大小的，平均承担赔偿责任。

第十三条　法律规定承担连带责任的，被侵权人有权请求部分或者全部连带责任人承担责任。

第十四条　连带责任人根据各自责任大小确定相应的赔偿数额；难以确定责任大小的，平均承担赔偿责任。

支付超出自己赔偿数额的连带责任人，有权向其他连带责任人追偿。

第十五条　承担侵权责任的方式主要有：

（一）停止侵害；

（二）排除妨碍；

（三）消除危险；

（四）返还财产；

（五）恢复原状；

（六）赔偿损失；

（七）赔礼道歉；

（八）消除影响、恢复名誉。

以上承担侵权责任的方式，可以单独适用，也可以合并适用。

第十六条　侵害他人造成人身损害的，应当赔偿医疗费、护理费、交通费等为治疗和康复支出的合理费用，以及因误工减少的收入。造成残疾的，还应当赔偿残疾生活辅助具费和残疾赔偿金。造成死亡的，还应当赔偿丧葬费和死亡赔偿金。

第十七条　因同一侵权行为造成多人死亡的，可以以相同数额确定死亡赔偿金。

第十八条　被侵权人死亡的，其近亲属有权请求侵权人承担侵权责任。被侵权人为单位，该单位分立、合并的，承继权利的单位有权请求侵权人承担侵权责任。

被侵权人死亡的，支付被侵权人医疗费、丧葬费等合理费用的人有权请求侵权人赔偿费用，但侵权人已支付该费用的除外。

第十九条 侵害他人财产的，财产损失按照损失发生时的市场价格或者其他方式计算。

第二十条 侵害他人人身权益造成财产损失的，按照被侵权人因此受到的损失赔偿；被侵权人的损失难以确定，侵权人因此获得利益的，按照其获得的利益赔偿；侵权人因此获得的利益难以确定，被侵权人和侵权人就赔偿数额协商不一致，向人民法院提起诉讼的，由人民法院根据实际情况确定赔偿数额。

第二十一条 侵权行为危及他人人身、财产安全的，被侵权人可以请求侵权人承担停止侵害、排除妨碍、消除危险等侵权责任。

第二十二条 侵害他人人身权益，造成他人严重精神损害的，被侵权人可以请求精神损害赔偿。

第二十三条 因防止、制止他人民事权益被侵害而使自己受到损害的，由侵权人承担责任。侵权人逃逸或者无力承担责任，被侵权人请求补偿的，受益人应当给予适当补偿。

第二十四条 受害人和行为人对损害的发生都没有过错的，可以根据实际情况，由双方分担损失。

第二十五条 损害发生后，当事人可以协商赔偿费用的支付方式。协商不一致的，赔偿费用应当一次性支付；一次性支付确有困难的，可以分期支付，但应当提供相应的担保。

第三章 不承担责任和减轻责任的情形

第二十六条 被侵权人对损害的发生也有过错的，可以减轻侵权人的责任。

第二十七条 损害是因受害人故意造成的，行为人不承担责任。

第二十八条　损害是因第三人造成的，第三人应当承担侵权责任。

第二十九条　因不可抗力造成他人损害的，不承担责任。法律另有规定的，依照其规定。

第三十条　因正当防卫造成损害的，不承担责任。正当防卫超过必要的限度，造成不应有的损害的，正当防卫人应当承担适当的责任。

第三十一条　因紧急避险造成损害的，由引起险情发生的人承担责任。如果危险是由自然原因引起的，紧急避险人不承担责任或者给予适当补偿。紧急避险采取措施不当或者超过必要的限度，造成不应有的损害的，紧急避险人应当承担适当的责任。

第四章　关于责任主体的特殊规定

第三十二条　无民事行为能力人、限制民事行为能力人造成他人损害的，由监护人承担侵权责任。监护人尽到监护责任的，可以减轻其侵权责任。

有财产的无民事行为能力人、限制民事行为能力人造成他人损害的，从本人财产中支付赔偿费用。不足部分，由监护人赔偿。

第三十三条　完全民事行为能力人对自己的行为暂时没有意识或者失去控制造成他人损害有过错的，应当承担侵权责任；没有过错的，根据行为人的经济状况对受害人适当补偿。

完全民事行为能力人因醉酒、滥用麻醉药品或者精神药品对自己的行为暂时没有意识或者失去控制造成他人损害的，应当承担侵权责任。

第三十四条　用人单位的工作人员因执行工作任务造成他人损害的，由用人单位承担侵权责任。

劳务派遣期间，被派遣的工作人员因执行工作任务造成他人损害的，由接受劳务派遣的用工单位承担侵权责任；劳务派遣单位有过错的，承担相应的补充责任。

第三十五条 个人之间形成劳务关系，提供劳务一方因劳务造成他人损害的，由接受劳务一方承担侵权责任。提供劳务一方因劳务自己受到损害的，根据双方各自的过错承担相应的责任。

第三十六条 网络用户、网络服务提供者利用网络侵害他人民事权益的，应当承担侵权责任。

网络用户利用网络服务实施侵权行为的，被侵权人有权通知网络服务提供者采取删除、屏蔽、断开链接等必要措施。网络服务提供者接到通知后未及时采取必要措施的，对损害的扩大部分与该网络用户承担连带责任。

网络服务提供者知道网络用户利用其网络服务侵害他人民事权益，未采取必要措施的，与该网络用户承担连带责任。

第三十七条 宾馆、商场、银行、车站、娱乐场所等公共场所的管理人或者群众性活动的组织者，未尽到安全保障义务，造成他人损害的，应当承担侵权责任。

因第三人的行为造成他人损害的，由第三人承担侵权责任；管理人或者组织者未尽到安全保障义务的，承担相应的补充责任。

第三十八条 无民事行为能力人在幼儿园、学校或者其他教育机构学习、生活期间受到人身损害的，幼儿园、学校或者其他教育机构应当承担责任，但能够证明尽到教育、管理职责的，不承担责任。

第三十九条 限制民事行为能力人在学校或者其他教育机构学习、生活期间受到人身损害，学校或者其他教育机构未尽到教育、管理职责的，应当承担责任。

第四十条 无民事行为能力人或者限制民事行为能力人在幼儿园、学校或者其他教育机构学习、生活期间，受到幼儿园、学校或者其他教育机构以外的人员人身损害的，由侵权人承担侵权责任；幼儿园、学校或者其他教育机构未尽到管理职责的，承担相应的补充责任。

第五章　产品责任

第四十一条　因产品存在缺陷造成他人损害的，生产者应当承担侵权责任。

第四十二条　因销售者的过错使产品存在缺陷，造成他人损害的，销售者应当承担侵权责任。

销售者不能指明缺陷产品的生产者也不能指明缺陷产品的供货者的，销售者应当承担侵权责任。

第四十三条　因产品存在缺陷造成损害的，被侵权人可以向产品的生产者请求赔偿，也可以向产品的销售者请求赔偿。

产品缺陷由生产者造成的，销售者赔偿后，有权向生产者追偿。

因销售者的过错使产品存在缺陷的，生产者赔偿后，有权向销售者追偿。

第四十四条　因运输者、仓储者等第三人的过错使产品存在缺陷，造成他人损害的，产品的生产者、销售者赔偿后，有权向第三人追偿。

第四十五条　因产品缺陷危及他人人身、财产安全的，被侵权人有权请求生产者、销售者承担排除妨碍、消除危险等侵权责任。

第四十六条　产品投入流通后发现存在缺陷的，生产者、销售者应当及时采取警示、召回等补救措施。未及时采取补救措施或者补救措施不力造成损害的，应当承担侵权责任。

第四十七条　明知产品存在缺陷仍然生产、销售，造成他人死亡或者健康严重损害的，被侵权人有权请求相应的惩罚性赔偿。

第六章　机动车交通事故责任

第四十八条　机动车发生交通事故造成损害的，依照道路交通安全法的有关规定承担赔偿责任。

第四十九条　因租赁、借用等情形机动车所有人与使用人不是同一人时，发生交通事故后属于该机动车一方责任的，由保险公司在机动车强制保险责任限额范围内予以赔偿。不足部分，由机动车使用人承担赔偿责任；机动车所有人对损害的发生有过错的，承担相应的赔偿责任。

第五十条　当事人之间已经以买卖等方式转让并交付机，动车但未办理所有权转移登记，发生交通事故后属于该机动车一方责任的，由保险公司在机动车强制保险责任限额范围内予以赔偿。不足部分，由受让人承担赔偿责任。

第五十一条　以买卖等方式转让拼装或者已达到报废标准的机动车，发生交通事故造成损害的，由转让人和受让人承担连带责任。

第五十二条　盗窃、抢劫或者抢夺的机动车发生交通事故造成损害的，由盗窃人、抢劫人或者抢夺人承担赔偿责任。保险公司在机动车强制保险责任限额范围内垫付抢救费用的，有权向交通事故责任人追偿。

第五十三条　机动车驾驶人发生交通事故后逃逸，该机动车参加强制保险的，由保险公司在机动车强制保险责任限额范围内予以赔偿；机动车不明或者该机动车未参加强制保险，需要支付被侵权人人身伤亡的抢救、丧葬等费用的，由道路交通事故社会救助基金垫付。道路交通事故社会救助基金垫付后，其管理机构有权向交通事故责任人追偿。

第七章 医疗损害责任

第五十四条 患者在诊疗活动中受到损害，医疗机构及其医务人员有过错的，由医疗机构承担赔偿责任。

解读： 对诊疗活动引起的纠纷，应当适用一般过错责任。医疗机构及其医务人员有过错的，医疗机构才承担赔偿责任，原则上由原告承担过错的举证责任。只在特殊情况下，如医务人员有违规治疗的行为或者隐匿、拒绝提供与纠纷有关的病历资料时，才适用过错推定责任原则，发生举证责任倒置。

第五十五条 医务人员在诊疗活动中应当向患者说明病情和医疗措施。需要实施手术、特殊检查、特殊治疗的，医务人员应当及时向患者说明医疗风险、替代医疗方案等情况，并取得其书面同意；不宜向患者说明的，应当向患者的近亲属说明，并取得其书面同意。

医务人员未尽到前款义务，造成患者损害的，医疗机构应当承担赔偿责任。

解读： 医务人员尽管尽到了本条第一款规定的义务，尽管取得了患者或者其近亲属同意相关治疗的签字，但如果在后续的诊疗活动中未尽到与当时的医疗水平相应的诊疗义务，造成患者损害的，医疗机构仍应当承担赔偿责任。

第五十六条 因抢救生命垂危的患者等紧急情况，不能取得患者或者其近亲属意见的，经医疗机构负责人或者授权的负责人批准，可以立即实施相应的医疗措施。

解读： "不能取得患者或者其近亲属意见"，主要指患者不能表达意志，也无近亲属陪伴，又联系不到近亲属的情况，不包括患者或者其近亲属明确表示拒绝采取医疗措施的情况。

第五十七条 医务人员在诊疗活动中未尽到与当时的医疗水平相应的诊疗义务，造成患者损害的，医疗机构应当承担赔偿责任。

解读：医务人员的注意义务就是应当尽到与当时的医疗水平相应的诊疗义务。医疗行为具有未知性、特异性和专业性等特点，不能仅凭事后证明错误这一点来认定医务人员存在诊疗过错，不能唯结果论。

第五十八条 患者有损害，因下列情形之一的，推定医疗机构有过错：

（一）违反法律、行政法规、规章以及其他有关诊疗规范的规定；

（二）隐匿或者拒绝提供与纠纷有关的病历资料；

（三）伪造、篡改或者销毁病历资料。

解读：患者有损害，因本条规定情形之一的，推定医疗机构有过错，并非当然认定医疗机构有过错。也就是说，医疗机构可以提出反证证明自己没有过错。

第五十九条 因药品、消毒药剂、医疗器械的缺陷，或者输入不合格的血液造成患者损害的，患者可以向生产者或者血液提供机构请求赔偿，也可以向医疗机构请求赔偿。患者向医疗机构请求赔偿的，医疗机构赔偿后，有权向负有责任的生产者或者血液提供机构追偿。

解读：本条中的"缺陷"的含义是指产品存在危及人身、他人财产安全的不合理的危险；若产品有保障人体健康和人身、财产安全的国家标准、行业标准的，是指不符合该标准。

第六十条 患者有损害，因下列情形之一的，医疗机构不承担赔偿责任：

（一）患者或者其近亲属不配合医疗机构进行符合诊疗规范的

诊疗；

（二）医务人员在抢救生命垂危的患者等紧急情况下已经尽到合理诊疗义务；

（三）限于当时的医疗水平难以诊疗。

前款第一项情形中，医疗机构及其医务人员也有过错的，应当承担相应的赔偿责任。

解读：患者一方不配合诊疗的行为在实践中一般可以分为两种情况：第一种是患者由于其医疗知识水平的局限而对医疗机构采取的诊疗措施难以建立正确的理解，从而导致其不遵医嘱、错误用药等与诊疗措施不相配合的现象；第二种是患者一方主观上具有过错，该过错又可分为故意和过失，故意的情况一般比较少见，但现实情况相对复杂，也不能完全排除患者主观追求损害结果的可能。

第六十一条 医疗机构及其医务人员应当按照规定填写并妥善保管住院志、医嘱单、检验报告、手术及麻醉记录、病理资料、护理记录、医疗费用等病历资料。

患者要求查阅、复制前款规定的病历资料的，医疗机构应当提供。

解读：本条中的"病历"在《医疗机构病历管理规定》作了界定，是指医务人员在医疗活动过程中形成的文字、符号、图表、影像、切片等资料的总和，包括门（急）诊病历和住院病历。

第六十二条 医疗机构及其医务人员应当对患者的隐私保密。泄露患者隐私或者未经患者同意公开其病历资料，造成患者损害的，应当承担侵权责任。

解读：本条中所指的"隐私"主要是与患者疾病有关的一些私隐，也就是自然人不愿向外人披露的私人生活信息。同时本条中"造成患者损害的"，包括了两层含义：一是必须有损害事实；二是该损害和医疗机构及其医务人员的行为之间存在因果关系。

第六十三条 医疗机构及其医务人员不得违反诊疗规范实施不必要的检查。

解读：本条所针对的不必要检查行为，也就是社会上比较关注的"过度检查"问题。所谓的"过度检查"，一般是指由医疗机构提供的超出患者个体和社会保障实践需求的医疗检查服务，医学伦理学界称之为"过度检查"。过度检查具有以下特征：①为诊疗疾病所采取的检查手段超出疾病诊疗的基本需求，不符合疾病的规律和特点；②采用非"金标准"的诊疗手段，所谓的"金标准"是指当前临床医学界公认的诊断疾病的最可靠方法。较为常用的金标准有活检、手术发现、微生物培养、特殊检查和影响诊断，以及长期随访的结果等；③费用超出与疾病对基本诊疗需求无关的过度消费。

第六十四条 医疗机构及其医务人员的合法权益受法律保护。干扰医疗秩序，妨害医务人员工作、生活的，应当依法承担法律责任。

解读：对于干扰医疗秩序，妨害医务人员工作、生活的，应当依法承担法律责任，这里的法律责任不仅仅包括民事赔偿责任，还涉及行政责任和刑事责任。

第八章 环境污染责任

第六十五条 因污染环境造成损害的，污染者应当承担侵权责任。

第六十六条 因污染环境发生纠纷，污染者应当就法律规定的不承担责任或者减轻责任的情形及其行为与损害之间不存在因果关系承担举证责任。

第六十七条 两个以上污染者污染环境，污染者承担责任的大小，根据污染物的种类、排放量等因素确定。

第六十八条 因第三人的过错污染环境造成损害的，被侵权人可以向污染者请求赔偿，也可以向第三人请求赔偿。污染者赔偿后，有权向第三人追偿。

第九章 高度危险责任

第六十九条 从事高度危险作业造成他人损害的，应当承担侵权责任。

第七十条 民用核设施发生核事故造成他人损害的，民用核设施的经营者应当承担侵权责任，但能够证明损害是因战争等情形或者受害人故意造成的，不承担责任。

第七十一条 民用航空器造成他人损害的，民用航空器的经营者应当承担侵权责任，但能够证明损害是因受害人故意造成的，不承担责任。

第七十二条 占有或者使用易燃、易爆、剧毒、放射性等高度危险物造成他人损害的，占有人或者使用人应当承担侵权责任，但能够证明损害是因受害人故意或者不可抗力造成的，不承担责任。被侵权人对损害的发生有重大过失的，可以减轻占有人或者使用人的责任。

第七十三条 从事高空、高压、地下挖掘活动或者使用高速轨道运输工具造成他人损害的，经营者应当承担侵权责任，但能够证明损害是因受害人故意或者不可抗力造成的，不承担责任。被侵权人对损害的发生有过失的，可以减轻经营者的责任。

第七十四条 遗失、抛弃高度危险物造成他人损害的，由所有人承担侵权责任。所有人将高度危险物交由他人管理的，由管理人承担侵权责任；所有人有过错的，与管理人承担连带责任。

第七十五条 非法占有高度危险物造成他人损害的，由非法占有人承担侵权责任。所有人、管理人不能证明对防止他人非法占有尽到高度注意义务的，与非法占有人承担连带责任。

第七十六条 未经许可进入高度危险活动区域或者高度危险物存放区域受到损害，管理人已经采取安全措施并尽到警示义务的，可以减轻或者不承担责任。

第七十七条 承担高度危险责任，法律规定赔偿限额的，依照其规定。

第十章 饲养动物损害责任

第七十八条 饲养的动物造成他人损害的，动物饲养人或者管理人应当承担侵权责任，但能够证明损害是因被侵权人故意或者重大过失造成的，可以不承担或者减轻责任。

第七十九条 违反管理规定，未对动物采取安全措施造成他人损害的，动物饲养人或者管理人应当承担侵权责任。

第八十条 禁止饲养的烈性犬等危险动物造成他人损害的，动物饲养人或者管理人应当承担侵权责任。

第八十一条 动物园的动物造成他人损害的，动物园应当承担侵权责任，但能够证明尽到管理职责的，不承担责任。

第八十二条 遗弃、逃逸的动物在遗弃、逃逸期间造成他人损害的，由原动物饲养人或者管理人承担侵权责任。

第八十三条 因第三人的过错致使动物造成他人损害的，被侵权人可以向动物饲养人或者管理人请求赔偿，也可以向第三人请求赔偿。动物饲养人或者管理人赔偿后，有权向第三人追偿。

第八十四条 饲养动物应当遵守法律，尊重社会公德，不得妨害他人生活。

第十一章 物件损害责任

第八十五条 建筑物、构筑物或者其他设施及其搁置物、悬挂物发生脱落、坠落造成他人损害，所有人、管理人或者使用人不能证明自己没有过错的，应当承担侵权责任。所有人、管理人或者使用人赔偿后，有其他责任人的，有权向其他责任人追偿。

第八十六条 建筑物、构筑物或者其他设施倒塌造成他人损害的，由建设单位与施工单位承担连带责任。建设单位、施工单位赔偿后，有其他责任人的，有权向其他责任人追偿。

因其他责任人的原因，建筑物、构筑物或者其他设施倒塌造成他人损害的，由其他责任人承担侵权责任。

第八十七条 从建筑物中抛掷物品或者从建筑物上坠落的物品造成他人损害，难以确定具体侵权人的，除能够证明自己不是侵权人的外，由可能加害的建筑物使用人给予补偿。

第八十八条 堆放物倒塌造成他人损害，堆放人不能证明自己没有过错的，应当承担侵权责任。

第八十九条 在公共道路上堆放、倾倒、遗撒妨碍通行的物品造成他人损害的，有关单位或者个人应当承担侵权责任。

第九十条 因林木折断造成他人损害，林木的所有人或者管理人不能证明自己没有过错的，应当承担侵权责任。

第九十一条 在公共场所或者道路上挖坑、修缮安装地下设施等，没有设置明显标志和采取安全措施造成他人损害的，施工人应当承担侵权责任。

窨井等地下设施造成他人损害，管理人不能证明尽到管理职责的，应当承担侵权责任。

第十二章 附　则

第九十二条 本法自 2010 年 7 月 1 日起施行。

2. 《医疗事故处理条例》全文及重点条文解读

（2002年2月20日国务院第55次常务会议通过，2002年4月4日中华人民共和国国务院令第351号公布，自2002年9月1日起施行。）

第一章 总 则

第一条 为了正确处理医疗事故，保护患者和医疗机构及其医务人员的合法权益，维护医疗秩序，保障医疗安全，促进医学科学的发展，制定本条例。

第二条 本条例所称医疗事故，是指医疗机构及其医务人员在医疗活动中，违反医疗卫生管理法律、行政法规、部门规章和诊疗护理规范、常规，过失造成患者人身损害的事故。

解读：医疗事故的构成要件包括：①医疗事故的主体是医疗机构及其医务人员；②行为具有违法性；③过失造成患者人身损害；④过失行为与损害结果之间存在因果关系。

第三条 处理医疗事故，应当遵循公开、公平、公正、及时、便民的原则，坚持实事求是的科学态度，做到事实清楚、定性准确、责任明确、处理恰当。

第四条 根据对患者人身造成的损害程度，医疗事故分为四级：

一级医疗事故：造成患者死亡、重度残疾的；

二级医疗事故：造成患者中度残疾、器官组织损伤导致严重功能障碍的；

三级医疗事故：造成患者轻度残疾、器官组织损伤导致一般功能障碍的；

四级医疗事故：造成患者明显人身损害的其他后果的。

具体分级标准由国务院卫生行政部门制定。

第二章　医疗事故的预防与处置

第五条　医疗机构及其医务人员在医疗活动中，必须严格遵守医疗卫生管理法律、行政法规、部门规章和诊疗护理规范、常规，恪守医疗服务职业道德。

第六条　医疗机构应当对其医务人员进行医疗卫生管理法律、行政法规、部门规章和诊疗护理规范、常规的培训和医疗服务职业道德教育。

第七条　医疗机构应当设置医疗服务质量监控部门或者配备专（兼）职人员，具体负责监督本医疗机构的医务人员的医疗服务工作，检查医务人员执业情况，接受患者对医疗服务的投诉，向其提供咨询服务。

第八条　医疗机构应当按照国务院卫生行政部门规定的要求，书写并妥善保管病历资料。

因抢救急危患者，未能及时书写病历的，有关医务人员应当在抢救结束后6小时内据实补记，并加以注明。

第九条　严禁涂改、伪造、隐匿、销毁或者抢夺病历资料。

解读：在发生医疗事故争议时，医患双方均不得涂改、伪造、销毁病历，否则，都要承担相应的法律责任。

第十条　患者有权复印或者复制其门诊病历、住院志、体温单、医嘱单、化验单（检验报告）、医学影像检查资料、特殊检查同意书、手术同意书、手术及麻醉记录单、病理资料、护理记录以及国务院卫生行政部门规定的其他病历资料。

患者依照前款规定要求复印或者复制病历资料的，医疗机构应当提供复印或者复制服务并在复印或者复制的病历资料上加盖证明印记。复印或者复制病历资料时，应当有患者在场。

医疗机构应患者的要求，为其复印或者复制病历资料，可以按照规定收取工本费。具体收费标准由省、自治区、直辖市人民政府价格主管部门会同同级卫生行政部门规定。

第十一条 在医疗活动中，医疗机构及其医务人员应当将患者的病情、医疗措施、医疗风险等如实告知患者，及时解答其咨询；但是，应当避免对患者产生不利后果。

解读：知情权是指公民应该享有知晓与自己利益相关情况的权利。患者享有的知情权包括：①患者有权明白自己的病情；②明白自己要做何种检查项目；③明白自己应如何选择看病医生；④明白可能出现的医疗风险；⑤明白影响自己病情的事项。除此以外患者也要明白作为患者应注意的一些义务，比如看病时应遵守医院诊疗秩序和规章制度、尊重医护人员诊治权、发生医疗事故后依法解决的相关程序等。

第十二条 医疗机构应当制定防范、处理医疗事故的预案，预防医疗事故的发生，减轻医疗事故的损害。

第十三条 医务人员在医疗活动中发生或者发现医疗事故、可能引起医疗事故的医疗过失行为或者发生医疗事故争议的，应当立即向所在科室负责人报告，科室负责人应当及时向本医疗机构负责医疗服务质量监控的部门或者专（兼）职人员报告；负责医疗服务质量监控的部门或者专（兼）职人员接到报告后，应当立即进行调查、核实，将有关情况如实向本医疗机构的负责人报告，并向患者通报、解释。

第十四条 发生医疗事故的，医疗机构应当按照规定向所在地卫生行政部门报告。

发生下列重大医疗过失行为的，医疗机构应当在 12 小时内向所在地卫生行政部门报告：

（一）导致患者死亡或者可能为二级以上的医疗事故；

（二）导致 3 人以上人身损害后果；

（三）国务院卫生行政部门和省、自治区、直辖市人民政府卫生行政部门规定的其他情形。

第十五条　发生或者发现医疗过失行为，医疗机构及其医务人员应当立即采取有效措施，避免或者减轻对患者身体健康的损害，防止损害扩大。

第十六条　发生医疗事故争议时，死亡病例讨论记录、疑难病例讨论记录、上级医师查房记录、会诊意见、病程记录应当在医患双方在场的情况下封存和启封。封存的病历资料可以是复印件，由医疗机构保管。

第十七条　疑似输液、输血、注射、药物等引起不良后果的，医患双方应当共同对现场实物进行封存和启封，封存的现场实物由医疗机构保管；需要检验的，应当由双方共同指定的、依法具有检验资格的检验机构进行检验；双方无法共同指定时，由卫生行政部门指定。

疑似输血引起不良后果，需要对血液进行封存保留的，医疗机构应当通知提供该血液的采供血机构派员到场。

第十八条　患者死亡，医患双方当事人不能确定死因或者对死因有异议的，应当在患者死亡后 48 小时内进行尸检；具备尸体冻存条件的，可以延长至 7 日。尸检应当经死者近亲属同意并签字。

尸检应当由按照国家有关规定取得相应资格的机构和病理解剖专业技术人员进行。承担尸检任务的机构和病理解剖专业技术人员有进行尸检的义务。

医疗事故争议双方当事人可以请法医病理学人员参加尸检，也可以委派代表观察尸检过程。拒绝或者拖延尸检，超过规定时间，影响对死因判定的，由拒绝或者拖延的一方承担责任。

第十九条 患者在医疗机构内死亡的，尸体应当立即移放太平间。死者尸体存放时间一般不得超过 2 周。逾期不处理的尸体，经医疗机构所在地卫生行政部门批准，并报经同级公安部门备案后，由医疗机构按照规定进行处理。

第三章 医疗事故的技术鉴定

第二十条 卫生行政部门接到医疗机构关于重大医疗过失行为的报告或者医疗事故争议当事人要求处理医疗事故争议的申请后，对需要进行医疗事故技术鉴定的，应当交由负责医疗事故技术鉴定工作的医学会组织鉴定；医患双方协商解决医疗事故争议，需要进行医疗事故技术鉴定的，由双方当事人共同委托负责医疗事故技术鉴定工作的医学会组织鉴定。

第二十一条 设区的市级地方医学会和省、自治区、直辖市直接管辖的县（市）地方医学会负责组织首次医疗事故技术鉴定工作。省、自治区、直辖市地方医学会负责组织再次鉴定工作。

必要时，中华医学会可以组织疑难、复杂并在全国有重大影响的医疗事故争议的技术鉴定工作。

第二十二条 当事人对首次医疗事故技术鉴定结论不服的，可以自收到首次鉴定结论之日起 15 日内向医疗机构所在地卫生行政部门提出再次鉴定的申请。

第二十三条 负责组织医疗事故技术鉴定工作的医学会应当建立专家库。

专家库由具备下列条件的医疗卫生专业技术人员组成：

（一）有良好的业务素质和执业品德；

（二）受聘于医疗卫生机构或者医学教学、科研机构并担任相应专业高级技术职务3年以上。

符合前款第（一）项规定条件并具备高级技术任职资格的法医可以受聘进入专家库。

负责组织医疗事故技术鉴定工作的医学会依照本条例规定聘请医疗卫生专业技术人员和法医进入专家库，可以不受行政区域的限制。

第二十四条 医疗事故技术鉴定，由负责组织医疗事故技术鉴定工作的医学会组织专家鉴定组进行。

参加医疗事故技术鉴定的相关专业的专家，由医患双方在医学会主持下从专家库中随机抽取。在特殊情况下，医学会根据医疗事故技术鉴定工作的需要，可以组织医患双方在其他医学会建立的专家库中随机抽取相关专业的专家参加鉴定或者函件咨询。

符合本条例第二十三条规定条件的医疗卫生专业技术人员和法医有义务受聘进入专家库，并承担医疗事故技术鉴定工作。

第二十五条 专家鉴定组进行医疗事故技术鉴定，实行合议制。专家鉴定组人数为单数，涉及的主要学科的专家一般不得少于鉴定组成员的二分之一；涉及死因、伤残等级鉴定的，并应当从专家库中随机抽取法医参加专家鉴定组。

第二十六条 专家鉴定组成员有下列情形之一的，应当回避，当事人也可以以口头或者书面的方式申请其回避：

（一）是医疗事故争议当事人或者当事人的近亲属的；

（二）与医疗事故争议有利害关系的；

（三）与医疗事故争议当事人有其他关系，可能影响公正鉴定的。

第二十七条 专家鉴定组依照医疗卫生管理法律、行政法规、部门规章和诊疗护理规范、常规，运用医学科学原理和专业知识，独立进行医疗事故技术鉴定，对医疗事故进行鉴别和判定，为处理医疗事故争议提供医学依据。

任何单位或者个人不得干扰医疗事故技术鉴定工作，不得威胁、利诱、辱骂、殴打专家鉴定组成员。

专家鉴定组成员不得接受双方当事人的财物或者其他利益。

第二十八条 负责组织医疗事故技术鉴定工作的医学会应当自受理医疗事故技术鉴定之日起5日内通知医疗事故争议双方当事人提交进行医疗事故技术鉴定所需的材料。

当事人应当自收到医学会的通知之日起10日内提交有关医疗事故技术鉴定的材料、书面陈述及答辩。医疗机构提交的有关医疗事故技术鉴定的材料应当包括下列内容：

（一）住院患者的病程记录、死亡病例讨论记录、疑难病例讨论记录、会诊意见、上级医师查房记录等病历资料原件；

（二）住院患者的住院志、体温单、医嘱单、化验单（检验报告）、医学影像检查资料、特殊检查同意书、手术同意书、手术及麻醉记录单、病理资料、护理记录等病历资料原件；

（三）抢救急危患者，在规定时间内补记的病历资料原件；

（四）封存保留的输液、注射用物品和血液、药物等实物，或者依法具有检验资格的检验机构对这些物品、实物作出的检验报告；

（五）与医疗事故技术鉴定有关的其他材料。

在医疗机构建有病历档案的门诊、急诊患者，其病历资料由医疗机构提供；没有在医疗机构建立病历档案的，由患者提供。

医患双方应当依照本条例的规定提交相关材料。医疗机构无正当理由未依照本条例的规定如实提供相关材料，导致医疗事故技术鉴定不能进行的，应当承担责任。

第二十九条 负责组织医疗事故技术鉴定工作的医学会应当

自接到当事人提交的有关医疗事故技术鉴定的材料、书面陈述及答辩之日起 45 日内组织鉴定并出具医疗事故技术鉴定书。

负责组织医疗事故技术鉴定工作的医学会可以向双方当事人调查取证。

第三十条　专家鉴定组应当认真审查双方当事人提交的材料，听取双方当事人的陈述及答辩并进行核实。

双方当事人应当按照本条例的规定如实提交进行医疗事故技术鉴定所需要的材料，并积极配合调查。当事人任何一方不予配合，影响医疗事故技术鉴定的，由不予配合的一方承担责任。

第三十一条　专家鉴定组应当在事实清楚、证据确凿的基础上，综合分析患者的病情和个体差异，作出鉴定结论，并制作医疗事故技术鉴定书。鉴定结论以专家鉴定组成员的过半数通过。鉴定过程应当如实记载。

医疗事故技术鉴定书应当包括下列主要内容：

（一）双方当事人的基本情况及要求；

（二）当事人提交的材料和负责组织医疗事故技术鉴定工作的医学会的调查材料；

（三）对鉴定过程的说明；

（四）医疗行为是否违反医疗卫生管理法律、行政法规、部门规章和诊疗护理规范、常规；

（五）医疗过失行为与人身损害后果之间是否存在因果关系；

（六）医疗过失行为在医疗事故损害后果中的责任程度；

（七）医疗事故等级；

（八）对医疗事故患者的医疗护理医学建议。

解读：本条中的"责任程度"主要包括完全责任、主要责任、次要责任和轻微责任。

第三十二条　医疗事故技术鉴定办法由国务院卫生行政部门

制定。

第三十三条 有下列情形之一的，不属于医疗事故：

（一）在紧急情况下为抢救垂危患者生命而采取紧急医学措施造成不良后果的；

（二）在医疗活动中由于患者病情异常或者患者体质特殊而发生医疗意外的；

（三）在现有医学科学技术条件下，发生无法预料或者不能防范的不良后果的；

（四）无过错输血感染造成不良后果的；

（五）因患方原因延误诊疗导致不良后果的；

（六）因不可抗力造成不良后果的。

解读：不可抗力是指不能预见、不能避免并且不能克服的客观情况。不能预见是指在现有的技术条件下，人类不可能预见到的情况。不能避免是指即使尽了最大的努力也不能防止客观情况的发生。不能克服是指情况发生后，即使尽了最大的努力也不能防止客观情况造成的损害结果。这些都不以人的主观意志为转移的。

第三十四条 医疗事故技术鉴定，可以收取鉴定费用。经鉴定，属于医疗事故的，鉴定费用由医疗机构支付；不属于医疗事故的，鉴定费用由提出医疗事故处理申请的一方支付。鉴定费用标准由省、自治区、直辖市人民政府价格主管部门会同同级财政部门、卫生行政部门规定。

第四章　医疗事故的行政处理与监督

第三十五条 卫生行政部门应当依照本条例和有关法律、行政法规、部门规章的规定，对发生医疗事故的医疗机构和医务人员作出行政处理。

第三十六条 卫生行政部门接到医疗机构关于重大医疗过失

行为的报告后，除责令医疗机构及时采取必要的医疗救治措施，防止损害后果扩大外，应当组织调查，判定是否属于医疗事故；对不能判定是否属于医疗事故的，应当依照本条例的有关规定交由负责医疗事故技术鉴定工作的医学会组织鉴定。

第三十七条　发生医疗事故争议，当事人申请卫生行政部门处理的，应当提出书面申请。申请书应当载明申请人的基本情况、有关事实、具体请求及理由等。

当事人自知道或者应当知道其身体健康受到损害之日起 1 年内，可以向卫生行政部门提出医疗事故争议处理申请。

第三十八条　发生医疗事故争议，当事人申请卫生行政部门处理的，由医疗机构所在地的县级人民政府卫生行政部门受理。医疗机构所在地是直辖市的，由医疗机构所在地的区、县人民政府卫生行政部门受理。

有下列情形之一的，县级人民政府卫生行政部门应当自接到医疗机构的报告或者当事人提出医疗事故争议处理申请之日起 7 日内移送上一级人民政府卫生行政部门处理：

（一）患者死亡；

（二）可能为二级以上的医疗事故；

第三十九条　卫生行政部门应当自收到医疗事故争议处理申请之日起 10 日内进行审查，作出是否受理的决定。对符合本条例规定，予以受理，需要进行医疗事故技术鉴定的，应当自作出受理决定之日起 5 日内将有关材料交由负责医疗事故技术鉴定工作的医学会组织鉴定并书面通知申请人；对不符合本条例规定，不予受理的，应当书面通知申请人并说明理由。

当事人对首次医疗事故技术鉴定结论有异议，申请再次鉴定的，卫生行政部门应当自收到申请之日起 7 日内交由省、自治区、直辖市地方医学会组织再次鉴定。

第四十条 当事人既向卫生行政部门提出医疗事故争议处理申请，又向人民法院提起诉讼的，卫生行政部门不予受理；卫生行政部门已经受理的，应当终止处理。

解读： 行政处理程序和民事处理程序不能同时进行，当事人同时提起两种程序时，要终止行政程序。因为司法程序是解决医疗事故争议的最终途径，是民事救济的最终手段。

第四十一条 卫生行政部门收到负责组织医疗事故技术鉴定工作的医学会出具的医疗事故技术鉴定书后，应当对参加鉴定的人员资格和专业类别、鉴定程序进行审核；必要时，可以组织调查，听取医疗事故争议双方当事人的意见。

第四十二条 卫生行政部门经审核，对符合本条例规定作出的医疗事故技术鉴定结论，应当作为对发生医疗事故的医疗机构和医务人员作出行政处理以及进行医疗事故赔偿调解的依据；经审核，发现医疗事故技术鉴定不符合本条例规定的，应当要求重新鉴定。

第四十三条 医疗事故争议由双方当事人自行协商解决的，医疗机构应当自协商解决之日起7日内向所在地卫生行政部门作出书面报告，并附具协议书。

第四十四条 医疗事故争议经人民法院调解或者判决解决的，医疗机构应当自收到生效的人民法院的调解书或者判决书之日起7日内向所在地卫生行政部门作出书面报告，并附具调解书或者判决书。

解读： 医疗事故损害赔偿案件能否适用先予执行，应当根据具体情况分析确定。《民事诉讼法》第106条规定："人民法院对下列案件，根据当事人的申请，可以裁定先予执行：①追索赡养费、扶养费、抚育费、抚恤金、医疗费用的；②追索劳动报酬的；③因紧急情况需要先予执行的。"如果医疗事故赔偿案件中涉及及时治疗及医疗费的先行支付问题以及支付必要的生活费用、护理费用的,法院应当根据具体需要,根据当事人的申请裁定先予执行。如果不存在这些紧急情况,一般不支持先予执行的申请。

第四十五条 县级以上地方人民政府卫生行政部门应当按照规定逐级将当地发生的医疗事故以及依法对发生医疗事故的医疗机构和医务人员作出行政处理的情况,上报国务院卫生行政部门。

第五章 医疗事故的赔偿

第四十六条 发生医疗事故的赔偿等民事责任争议,医患双方可以协商解决;不愿意协商或者协商不成的,当事人可以向卫生行政部门提出调解申请,也可以直接向人民法院提起民事诉讼。

第四十七条 双方当事人协商解决医疗事故的赔偿等民事责任争议的,应当制作协议书。协议书应当载明双方当事人的基本情况和医疗事故的原因、双方当事人共同认定的医疗事故等级以及协商确定的赔偿数额等,并由双方当事人在协议书上签名。

第四十八条 已确定为医疗事故的,卫生行政部门应医疗事故争议双方当事人请求,可以进行医疗事故赔偿调解。调解时,应当遵循当事人双方自愿原则,并应当依据本条例的规定计算赔偿数额。

经调解,双方当事人就赔偿数额达成协议的,制作调解书,双方当事人应当履行;调解不成或者经调解达成协议后一方反悔的,卫生行政部门不再调解。

第四十九条 医疗事故赔偿,应当考虑下列因素,确定具体赔偿数额:

(一) 医疗事故等级;

(二) 医疗过失行为在医疗事故损害后果中的责任程度;

（三）医疗事故损害后果与患者原有疾病状况之间的关系。

不属于医疗事故的，医疗机构不承担赔偿责任。

解读：本条中"不属于医疗事故的，医疗机构不承担赔偿责任"的规定与《侵权责任法》第54条及《民法通则》的有关规定相冲突，在不构成医疗事故的情况下，可以依据《侵权责任法》和《民法通则》主张医疗侵权。

第五十条 医疗事故赔偿，按照下列项目和标准计算：

（一）医疗费：按照医疗事故对患者造成的人身损害进行治疗所发生的医疗费用计算，凭据支付，但不包括原发病医疗费用。结案后确实需要继续治疗的，按照基本医疗费用支付。

（二）误工费：患者有固定收入的，按照本人因误工减少的固定收入计算，对收入高于医疗事故发生地上一年度职工年平均工资3倍以上的，按照3倍计算；无固定收入的，按照医疗事故发生地上一年度职工年平均工资计算。

（三）住院伙食补助费：按照医疗事故发生地国家机关一般工作人员的出差伙食补助标准计算。

（四）陪护费：患者住院期间需要专人陪护的，按照医疗事故发生地上一年度职工年平均工资计算。

（五）残疾生活补助费：根据伤残等级，按照医疗事故发生地居民年平均生活费计算，自定残之月起最长赔偿30年；但是，60周岁以上的，不超过15年；70周岁以上的，不超过5年。

（六）残疾用具费：因残疾需要配置补偿功能器具的，凭医疗机构证明，按照普及型器具的费用计算。

（七）丧葬费：按照医疗事故发生地规定的丧葬费补助标准计算。

（八）被扶养人生活费：以死者生前或者残疾者丧失劳动能力前实际扶养且没有劳动能力的人为限，按照其户籍所在地或者居所地居民最低生活保障标准计算。对不满 16 周岁的，扶养到 16 周岁。对年满 16 周岁但无劳动能力的，扶养 20 年；但是，60 周岁以上的，不超过 15 年；70 周岁以上的，不超过 5 年。

（九）交通费：按照患者实际必需的交通费用计算，凭据支付。

（十）住宿费：按照医疗事故发生地国家机关一般工作人员的出差住宿补助标准计算，凭据支付。

（十一）精神损害抚慰金：按照医疗事故发生地居民年平均生活费计算。造成患者死亡的，赔偿年限最长不超过 6 年；造成患者残疾的，赔偿年限最长不超过 3 年。

第五十一条　参加医疗事故处理的患者近亲属所需交通费、误工费、住宿费，参照本条例第五十条的有关规定计算，计算费用的人数不超过 2 人。

医疗事故造成患者死亡的，参加丧葬活动的患者的配偶和直系亲属所需交通费、误工费、住宿费，参照本条例第五十条的有关规定计算，计算费用的人数不超过 2 人。

第五十二条　医疗事故赔偿费用，实行一次性结算，由承担医疗事故责任的医疗机构支付。

第六章　罚　　则

第五十三条　卫生行政部门的工作人员在处理医疗事故过程中违反本条例的规定，利用职务上的便利收受他人财物或者其他利益，滥用职权，玩忽职守，或者发现违法行为不予查处，造成严重后果的，依照刑法关于受贿罪、滥用职权罪、玩忽职守罪或者其他有关罪的规定，依法追究刑事责任；尚不够刑事处罚的，依法给予降级或者撤职的行政处分。

第五十四条　卫生行政部门违反本条例的规定，有下列情形之一的，由上级卫生行政部门给予警告并责令限期改正；情节严重的，对负有责任的主管人员和其他直接责任人员依法给予行政处分：

（一）接到医疗机构关于重大医疗过失行为的报告后，未及时组织调查的；

（二）接到医疗事故争议处理申请后，未在规定时间内审查或者移送上一级人民政府卫生行政部门处理的；

（三）未将应当进行医疗事故技术鉴定的重大医疗过失行为或者医疗事故争议移交医学会组织鉴定的；

（四）未按照规定逐级将当地发生的医疗事故以及依法对发生医疗事故的医疗机构和医务人员的行政处理情况上报的；

（五）未依照本条例规定审核医疗事故技术鉴定书的。

第五十五条　医疗机构发生医疗事故的，由卫生行政部门根据医疗事故等级和情节，给予警告；情节严重的，责令限期停业整顿直至由原发证部门吊销执业许可证，对负有责任的医务人员依照刑法关于医疗事故罪的规定，依法追究刑事责任；尚不够刑事处罚的，依法给予行政处分或者纪律处分。

对发生医疗事故的有关医务人员，除依照前款处罚外，卫生行政部门并可以责令暂停 6 个月以上 1 年以下执业活动；情节严重的，吊销其执业证书。

第五十六条　医疗机构违反本条例的规定，有下列情形之一的，由卫生行政部门责令改正；

（一）未如实告知患者病情、医疗措施和医疗风险的；

（二）没有正当理由，拒绝为患者提供复印或者复制病历资料服务的；

（三）未按照国务院卫生行政部门规定的要求书写和妥善保管病历资料的；

（四）未在规定时间内补记抢救工作病历内容的；

（五）未按照本条例的规定封存、保管和启封病历资料和实物的；

（六）未设置医疗服务质量监控部门或者配备专（兼）职人员的；

（七）未制定有关医疗事故防范和处理预案的；

（八）未在规定时间内向卫生行政部门报告重大医疗过失行为的；

（九）未按照本条例的规定向卫生行政部门报告医疗事故的；

（十）未按照规定进行尸检和保存、处理尸体的。

第五十七条　参加医疗事故技术鉴定工作的人员违反本条例的规定，接受申请鉴定双方或者一方当事人的财物或者其他利益，出具虚假医疗事故技术鉴定书，造成严重后果的，依照刑法关于受贿罪的规定，依法追究刑事责任；尚不够刑事处罚的，由原发证部门吊销其执业证书或者资格证书。

第五十八条　医疗机构或者其他有关机构违反本条例的规定，有下列情形之一的，由卫生行政部门责令改正，给予警告；对负有责任的主管人员和其他直接责任人员依法给予行政处分或者纪律处分；情节严重的，由原发证部门吊销其执业证书或者资格证书：

（一）承担尸检任务的机构没有正当理由，拒绝进行尸检的；

（二）涂改、伪造、隐匿、销毁病历资料的。

第五十九条　以医疗事故为由，寻衅滋事、抢夺病历资料，扰乱医疗机构正常医疗秩序和医疗事故技术鉴定工作，依照刑法关于扰乱社会秩序罪的规定，依法追究刑事责任；尚不够刑事处罚的，依法给予治安管理处罚。

第七章　附　则

第六十条　本条例所称医疗机构，是指依照《医疗机构管理条例》的规定取得《医疗机构执业许可证》的机构。

县级以上城市从事计划生育技术服务的机构依照《计划生育技术服务管理条例》的规定开展与计划生育有关的临床医疗服务，发生的计划生育技术服务事故，依照本条例的有关规定处理；但是，其中不属于医疗机构的县级以上城市从事计划生育技术服务的机构发生的计划生育技术服务事故，由计划生育行政部门行使依照本条例有关规定由卫生行政部门承担的受理、交由负责医疗事故技术鉴定工作的医学会组织鉴定和赔偿调解的职能；对发生计划生育技术服务事故的该机构及其有关责任人员，依法进行处理。

第六十一条　非法行医，造成患者人身损害，不属于医疗事故，触犯刑律的，依法追究刑事责任；有关赔偿，由受害人直接向人民法院提起诉讼。

第六十二条　军队医疗机构的医疗事故处理办法，由中国人民解放军卫生主管部门会同国务院卫生行政部门依据本条例制定。

第六十三条　本条例自 2002 年 9 月 1 日起施行。1987 年 6 月 29 日国务院发布的《医疗事故处理办法》同时废止。本条例施行前已经处理结案的医疗事故争议，不再重新处理。

3.《医疗机构管理条例》全文

第一章　总　则

第一条　为了加强对医疗机构的管理，促进医疗卫生事业的发展，保障公民健康，制定本条例。

第二条　本条例适用于从事疾病诊断、治疗活动的医院、卫生院、疗养院、门诊部、诊所、卫生所（室）以及急救站等医疗机构。

第三条　医疗机构以救死扶伤，防病治病，为公民的健康服务为宗旨。

第四条　国家扶持医疗机构的发展，鼓励多种形式兴办医疗机构。

第五条　国务院卫生行政部门负责全国医疗机构的监督管理工作。

县级以上地方人民政府卫生行政部门负责本行政区域内医疗机构的监督管理工作。

中国人民解放军卫生主管部门依照本条例和国家有关规定，对军队的医疗机构实施监督管理。

第二章　规划布局和设置审批

第六条　县级以上地方人民政府卫生行政部门应当根据本行政区域内的人口、医疗资源、医疗需求和现有医疗机构的分布状况，制定本行政区域医疗机构设置规划。

机关、企业和事业单位可以根据需要设置医疗机构，并纳入当地医疗机构的设置规划。

第七条 县级以上地方人民政府应当把医疗机构设置规划纳入当地的区域卫生发展规划和城乡建设发展总体规划。

第八条 设置医疗机构应当符合医疗机构设置规划和医疗机构基本标准。

医疗机构基本标准由国务院卫生行政部门制定。

第九条 单位或者个人设置医疗机构，必须经县级以上地方人民政府卫生行政部门审查批准，并取得设置医疗机构批准书，方可向有关部门办理其他手续。

第十条 申请设置医疗机构，应当提交下列文件：

（一）设置申请书；

（二）设置可行性研究报告；

（三）选址报告和建筑设计平面图。

第十一条 单位或者个人设置医疗机构，应当按照以下规定提出设置申请：

（一）不设床位或者床位不满 100 张的医疗机构，向所在地的县级人民政府卫生行政部门申请；

（二）床位在 100 张以上的医疗机构和专科医院按照省级人民政府卫生行政部门的规定申请。

第十二条 县级以上地方人民政府卫生行政部门应当自受理设置申请之日起 30 日内，作出批准或者不批准的书面答复；批准设置的，发给设置医疗机构批准书。

第十三条 国家统一规划的医疗机构的设置，由国务院卫生行政部门决定。

第十四条 机关、企业和事业单位按照国家医疗机构基本标准设置为内部职工服务的门诊部、诊所、卫生所（室），报所在地的县级人民政府卫生行政部门备案。

第三章 登 记

第十五条 医疗机构执业，必须进行登记，领取《医疗机构执业许可证》。

第十六条 申请医疗机构执业登记，应当具备下列条件：

（一）有设置医疗机构批准书；

（二）符合医疗机构的基本标准；

（三）有适合的名称、组织机构和场所；

（四）有与其开展的业务相适应的经费、设施、设备和专业卫生技术人员；

（五）有相应的规章制度；

（六）能够独立承担民事责任。

第十七条 医疗机构的执业登记，由批准其设置的人民政府卫生行政部门办理。

按照本条例第十三条规定设置的医疗机构的执业登记，由所在地的省、自治区、直辖市人民政府卫生行政部门办理。

机关、企业和事业单位设置的为内部职工服务的门诊部、诊所、卫生所（室）的执业登记，由所在地的县级人民政府卫生行政部门办理。

第十八条 医疗机构执业登记的主要事项：

（一）名称、地址、主要负责人；

（二）所有制形式；

（三）诊疗科目、床位；

（四）注册资金。

第十九条 县级以上地方人民政府卫生行政部门自受理执业登记申请之日起 45 日内，根据本条例和医疗机构基本标准进行审核。审核合格的，予以登记，发给《医疗机构执业许可证》；审核不合格的，将审核结果以书面形式通知申请人。

第二十条　医疗机构改变名称、场所、主要负责人、诊疗科目、床位，必须向原登记机关办理变更登记。

第二十一条　医疗机构歇业，必须向原登记机关办理注销登记。经登记机关核准后，收缴《医疗机构执业许可证》。

医疗机构非因改建、扩建、迁建原因停业超过1年的，视为歇业。

第二十二条　床位不满100张的医疗机构，其《医疗机构执业许可证》每年校验1次；床位在100张以上的医疗机构，其《医疗机构执业许可证》每3年校验1次。校验由原登记机关办理。

第二十三条　《医疗机构执业许可证》不得伪造、涂改、出卖、转让、出借。

《医疗机构执业许可证》遗失的，应当及时申明，并向原登记机关申请补发。

第四章　执　业

第二十四条　任何单位或者个人，未取得《医疗机构执业许可证》，不得开展诊疗活动。

第二十五条　医疗机构执业，必须遵守有关法律、法规和医疗技术规范。

第二十六条　医疗机构必须将《医疗机构执业许可证》、诊疗科目、诊疗时间和收费标准悬挂于明显处所。

第二十七条　医疗机构必须按照核准登记的诊疗科目开展诊疗活动。

第二十八条　医疗机构不得使用非卫生技术人员从事医疗卫

生技术工作。

第二十九条　医疗机构应当加强对医务人员的医德教育。

第三十条　医疗机构工作人员上岗工作，必须佩带载有本人姓名、职务或者职称的标牌。

第三十一条　医疗机构对危重病人应当立即抢救。对限于设备或者技术条件不能诊治的病人，应当及时转诊。

第三十二条　未经医师（士）亲自诊查病人，医疗机构不得出具疾病诊断书、健康证明书或者死亡证明书等证明文件；未经医师（士）、助产人员亲自接产，医疗机构不得出具出生证明书或者死产报告书。

第三十三条　医疗机构施行手术、特殊检查或者特殊治疗时，必须征得患者同意，并应当取得其家属或者关系人同意并签字；无法取得患者意见时，应当取得家属或者关系人同意并签字；无法取得患者意见又无家属或者关系人在场，或者遇到其他特殊情况时，经治医师应当提出医疗处置方案，在取得医疗机构负责人或者被授权负责人员的批准后实施。

第三十四条　医疗机构发生医疗事故，按照国家有关规定处理。

第三十五条　医疗机构对传染病、精神病、职业病等患者的特殊诊治和处理，应当按照国家有关法律、法规的规定办理。

第三十六条　医疗机构必须按照有关药品管理的法律、法规，加强药品管理。

第三十七条　医疗机构必须按照人民政府或者物价部门的有关规定收取医疗费用，详列细项，并出具收据。

第三十八条　医疗机构必须承担相应的预防保健工作，承担县级以上人民政府卫生行政部门委托的支援农村、指导基层医疗卫生工作等任务。

第三十九条 发生重大灾害、事故、疾病流行或者其他意外情况时，医疗机构及其卫生技术人员必须服从县级以上人民政府卫生行政部门的调遣

第五章 监督管理

第四十条 县级以上人民政府卫生行政部门行使下列监督管理职权：

（一）负责医疗机构的设置审批、执业登记和校验；

（二）对医疗机构的执业活动进行检查指导；

（三）负责组织对医疗机构的评审；

（四）对违反本条例的行为给予处罚。

第四十一条 国家实行医疗机构评审制度，由专家组成的评审委员会按照医疗机构评审办法和评审标准，对医疗机构的执业活动、医疗服务质量等进行综合评价。

医疗机构评审办法和评审标准由国务院卫生行政部门制定。

第四十二条 县级以上地方人民政府卫生行政部门负责组织本行政区域医疗机构评审委员会。

医疗机构评审委员会由医院管理、医学教育、医疗、医技、护理和财务等有关专家组成。评审委员会成员由县级以上地方人民政府卫生行政部门聘任。

第四十三条 县级以上地方人民政府卫生行政部门根据评审委员会的评审意见，对达到评审标准的医疗机构，发给评审合格证书；对未达到评审标准的医疗机构，提出处理意见。

第六章 罚 则

第四十四条 违反本条例第二十四条规定，未取得《医疗机构执业许可证》擅自执业的，由县级以上人民政府卫生行政部门

责令其停止执业活动，没收非法所得和药品、器械，并可以根据情节处以 1 万元以下的罚款。

第四十五条　违反本条例第二十二条规定，逾期不校验《医疗机构执业许可证》仍从事诊疗活动的，由县级以上人民政府卫生行政部门责令其限期补办校验手续；拒不校验的，吊销其《医疗机构执业许可证》。

第四十六条　违反本条例第二十三条规定，出卖、转让、出借《医疗机构执业许可证》的，由县级以上人民政府卫生行政部门没收非法所得，并可以处以 5000 元以下的罚款；情节严重的，吊销其《医疗机构执业许可证》。

第四十七条　违反本条例第二十七条规定，诊疗活动超出登记范围的，由县级以上人民政府卫生行政部门予以警告、责令其改正，并可以根据情节处以 3000 元以下的罚款；情节严重的，吊销其《医疗机构执业许可证》。

第四十八条　违反本条例第二十八条规定，使用非卫生技术人员从事医疗卫生技术工作的，由县级以上人民政府卫生行政部门责令其限期改正，并可以处以 5000 元以下的罚款；情节严重的，吊销其《医疗机构执业许可证》。

第四十九条　违反本条例第三十二条规定，出具虚假证明文件的，由县级以上人民政府卫生行政部门予以警告；对造成危害后果的，可以处以 1000 元以下的罚款；对直接责任人员由所在单位或者上级机关给予行政处分。

第五十条　没收的财物和罚款全部上交国库。

第五十一条　当事人对行政处罚决定不服的，可以依照国家法律、法规的规定申请行政复议或者提起行政诉讼。当事人对罚款及没收药品、器械的处罚决定未在法定期限内申请复议或者提起诉讼又不履行的，县级以上人民政府卫生行政部门可以申请人民法院强制执行。

第七章　附　则

第五十二条　本条例实施前已经执业的医疗机构，应当在条例实施后的 6 个月内，按照本条例第三章的规定，补办登记手续，领取《医疗机构执业许可证》。

第五十三条　外国人在中华人民共和国境内开设医疗机构及香港、澳门、台湾居民在内地开设医疗机构的管理办法，由国务院卫生行政部门另行制定。

第五十四条　本条例由国务院卫生行政部门负责解释。

第五十五条　本条例自 1994 年 9 月 1 日起施行。1951 年政务院批准发布的《医院诊所管理暂行条例》同时废止。

4. 《医疗机构管理条例实施细则》全文

第一章　总　则

第一条　根据《医疗机构管理条例》（以下简称条例）制定本细则。

第二条　条例及本细则所称医疗机构，是指依据条例和本细则的规定，经登记取得《医疗机构执业许可证》的机构。

第三条　医疗机构的类别：

（一）综合医院、中医医院、中西医结合医院、民族医医院、专科医院、康复医院；

（二）妇幼保健院；

（三）中心卫生院、乡（镇）卫生院、街道卫生院；

（四）疗养院；

（五）综合门诊部、专科门诊部、中医门诊部、中西医结合门诊部、民族医门诊部；

（六）诊所、中医诊所、民族医诊所、卫生所、医务室、卫生保健所、卫生站；

（七）村卫生室（所）；

（八）急救中心、急救站；

（九）临床检验中心；

（十）专科疾病防治院、专科疾病防治所、专科疾病防治站；

（十一）护理院、护理站；

（十二）其他诊疗机构。

第四条　卫生防疫、国境卫生检疫、医学科研和教学等机构在本机构业务范

围之外开展诊疗活动以及美容服务机构开展医疗美容业务的，必须依据条例及本细则，申请设置相应类别的医疗机构。

第五条　中国人民解放军和中国人民武装警察部队编制外的医疗机构，由地方卫生行政部门按照条例和本细则管理。

中国人民解放军后勤卫生主管部门负责向地方卫生行政部门提供军队编制外医疗机构的名称和地址。

第六条　医疗机构依法从事诊疗活动受法律保护。

第七条　卫生行政部门依法独立行使监督管理职权，不受任何单位和个人干涉。

第二章　设置审批

第八条　各省、自治区、直辖市应当按照当地《医疗机构设置规划》合理配置和合理利用医疗资源。

《医疗机构设置规划》由县级以上地方卫生行政部门依据《医疗机构设置规划指导原则》制定，经上一级卫生行政部门审核，报同级人民政府批准，在本行政区域内发布实施。

《医疗机构设置规划指导原则》另行制定。

第九条　县级以上地方卫生行政部门按照《医疗机构设置规划指导原则》规定的权限和程序组织实施本行政区域《医疗机构设置规划》，定期评价实施情况，并将评价结果按年度向上一级卫生行政部门和同级人民政府报告。

第十条　医疗机构不分类别、所有制形式、隶属关系、服务对象，其设置必须符合当地《医疗机构设置规划》。

第十一条　床位在一百张以上的综合医院、中医医院、中西医结合医院、民族医医院以及专科医院、疗养院、康复医院、妇

幼保健院、急救中心、临床检验中心和专科疾病防治机构的设置审批权限的划分，由省、自治区、直辖市卫生行政部门规定；其他医疗机构的设置，由县级卫生行政部门负责审批。

第十二条 有下列情形之一的，不得申请设置医疗机构：

（一）不能独立承担民事责任的单位；

（二）正在服刑或者不具有完全民事行为能力的个人；

（三）医疗机构在职、因病退职或者停薪留职的医务人员；

（四）发生二级以上医疗事故未满五年的医务人员；

（五）因违反有关法律、法规和规章，已被吊销执业证书的医务人员；

（六）被吊销《医疗机构执业许可证》的医疗机构法定代表人或者主要负责人；

（七）省、自治区、直辖市政府卫生行政部门规定的其他情形。

有前款第（二）、（三）、（四）、（五）、（六）项所列情形之一者，不得充任医疗机构的法定代表人或者主要负责人。

第十三条 在城市设置诊所的个人，必须同时具备下列条件：

（一）经医师执业技术考核合格，取得《医师执业证书》；

（二）取得《医师执业证书》或者医师职称后，从事五年以上同一专业的临床工作；

（三）省、自治区、直辖市卫生行政部门规定的其他条件。

医师执业技术标准另行制定。

在乡镇和村设置诊所的个人的条件，由省、自治区、直辖市卫生行政部门规定。

第十四条 地方各级人民政府设置医疗机构，由政府指定或者任命的拟设医疗机构的筹建负责人申请；法人或者其他组织设置医疗机构，由其代表人申请；

个人设置医疗机构，由设置人申请；两人以上合伙设置医疗机构，由合伙人共同申请。

第十五条 条例第十条规定提交的设置可行性研究报告包括以下内容：

（一）申请单位名称、基本情况以及申请人姓名、年龄、专业履历、身份证号码；

（二）所在地区的人口、经济和社会发展等概况；

（三）所在地区人群健康状况和疾病流行以及有关疾病患病率；

（四）所在地区医疗资源分布情况以及医疗服务需求分析；

（五）拟设医疗机构的名称、选址、功能、任务、服务半径；

（六）拟设医疗机构的服务方式、时间、诊疗科目和床位编制；

（七）拟设医疗机构的组织结构、人员配备；

（八）拟设医疗机构的仪器、设备配备；

（九）拟设医疗机构与服务半径区域内其他医疗机构的关系和影响；

（十）拟设医疗机构的污水、污物、粪便处理方案；

（十一）拟设医疗机构的通讯、供电、上下水道、消防设施情况；

（十二）资金来源、投资方式、投资总额、注册资金（资本）；

（十三）拟设医疗机构的投资预算；

（十四）拟设医疗机构五年内的成本效益预测分析。

并附申请设置单位或者设置人的资信证明。

申请设置门诊部、诊所、卫生所、医务室、卫生保健所、卫生站、村卫生室（所）、护理站等医疗机构的，可以根据情况适当简化设置可行性研究报告内容。

第十六条　条例第十条规定提交的选址报告包括以下内容：

（一）选址的依据；

（二）选址所在地区的环境和公用设施情况；

（三）选址与周围托幼机构、中小学校、食品生产经营单位布局的关系；

（四）占地和建筑面积。

第十七条　由两个以上法人或者其他组织共同申请设置医疗机构以及由两人以上合伙申请设置医疗机构的，除提交可行性研究报告和选址报告外，还必须提交由各方共同签署的协议书。

第十八条　医疗机构建筑设计必须经设置审批机关审查同意后，方可施工。

第十九条　条例第十二条规定的设置申请的受理时间，自申请人提供条例和本细则规定的全部材料之日算起。

第二十条　县级以上地方卫生行政部门依据当地《医疗机构设置规划》及本细则审查和批准医疗机构的设置。

申请设置医疗机构有下列情形之一的，不予批准：

（一）不符合当地《医疗机构设置规划》；

（二）设置人不符合规定的条件；

（三）不能提供满足投资总额的资信证明；

（四）投资总额不能满足各项预算开支；

（五）医疗机构选址不合理；

（六）污水、污物、粪便处理方案不合理；

（七）省、自治区、直辖市卫生行政部门规定的其他情形。

第二十一条　卫生行政部门应当在核发《设置医疗机构批准书》的同时，向上一级卫生行政部门备案。

上级卫生行政部门有权在接到备案报告之日起三十日内纠正或者撤销下级卫生行政部门作出的不符合当地《医疗机构设置规

划》的设置审批。

第二十二条 《设置医疗机构批准书》的有效期,由省、自治区、直辖市卫生行政部门规定。

第二十三条 变更《设置医疗机构批准书》中核准的医疗机构的类别、规模、选址和诊疗科目,必须按照条例和本细则的规定,重新申请办理设置审批手续。

第二十四条 法人和其他组织设置的为内部职工服务的门诊部、诊所、卫生所(室),由设置单位在该医疗机构执业登记前,向当地县级卫生行政部门备案,并提交下列材料:

(一)设置单位或者其主管部门设置医疗机构的决定;

(二)《设置医疗机构备案书》。

卫生行政部门应当在接到备案后十五日内给予《设置医疗机构备案回执》。

第三章 登记与校验

第二十五条 申请医疗机构执业登记必须填写《医疗机构申请执业登记注册书》,并向登记机关提交下列材料:

(一)《设置医疗机构批准书》或者《设置医疗机构备案回执》;

(二)医疗机构用房产权证明或者使用证明;

(三)医疗机构建筑设计平面图;

(四)验资证明、资产评估报告;

(五)医疗机构规章制度;

(六)医疗机构法定代表人或者主要负责人以及各科室负责人名录和有关资格证书、执业证书复印件;

(七)省、自治区、直辖市卫生行政部门规定提交的其他材料。

申请门诊部、诊所、卫生所、医务室、卫生保健所和卫生站登记的，还应当提交附设药房（柜）的药品种类清单、卫生技术人员名录及其有关资格证书、执业证书复印件以及省、自治区、直辖市卫生行政部门规定提交的其他材料。

第二十六条　登记机关在受理医疗机构执业登记申请后，应当按照条例第十六条规定的条件和条例第十九条规定的时限进行审查和实地考察、核实，并对有关执业人员进行消毒、隔离和无菌操作等基本知识和技能的现场抽查考核。经审核合格的，发给《医疗机构执业许可证》；审核不合格的，将审核结果和不予批准的理由以书面形式通知申请人。

《医疗机构执业许可证》及其副本由卫生部统一印制。

条例第十九条规定的执业登记申请的受理时间，自申请人提供条例和本细则规定的全部材料之日算起。

第二十七条　申请医疗机构执业登记有下列情形之一的，不予登记：

（一）不符合《设置医疗机构批准书》核准的事项；

（二）不符合《医疗机构基本标准》；

（三）投资不到位；

（四）医疗机构用房不能满足诊疗服务功能；

（五）通讯、供电、上下水道等公共设施不能满足医疗机构正常运转；

（六）医疗机构规章制度不符合要求；

（七）消毒、隔离和无菌操作等基本知识和技能的现场抽查考核不合格；

（八）省、自治区、直辖市卫生行政部门规定的其他情形。

第二十八条　医疗机构执业登记的事项：

（一）类别、名称、地址、法定代表人或者主要负责人；

（二）所有制形式；

（三）注册资金（资本）；

（四）服务方式；

（五）诊疗科目；

（六）房屋建筑面积、床位（牙椅）；

（七）服务对象；

（八）职工人数；

（九）执业许可证登记号（医疗机构代码）；

（十）省、自治区、直辖市卫生行政部门规定的其他登记事项。

门诊部、诊所、卫生所、医务室、卫生保健所、卫生站除登记前款所列事项外，还应当核准登记附设药房（柜）的药品种类。

《医疗机构诊疗科目名录》另行制定。

第二十九条 因分立或者合并而保留的医疗机构应当申请变更登记；因分立或者合并而新设置的医疗机构应当申请设置许可和执业登记；因合并而终止的医疗机构应当申请注销登记。

第三十条 医疗机构变更名称、地址、法定代表人或者主要负责人、所有制形式、服务对象、服务方式、注册资金（资本）、诊疗科目、床位（牙椅）的，必须向登记机关申请办理变更登记，并提交下列材料：

（一）医疗机构法定代表人或者主要负责人签署的《医疗机构申请变更登记注册书》；

（二）申请变更登记的原因和理由；

（三）登记机关规定提交的其他材料。

第三十一条 机关、企业和事业单位设置的为内部职工服务的医疗机构向社会开放，必须按照前条规定申请办理变更登记。

第三十二条 医疗机构在原登记机关管辖权限范围内变更登

记事项的，由原登记机关办理变更登记；因变更登记超出原登记机关管辖权限的，由有管辖权的卫生行政部门办理变更登记。

医疗机构在原登记机关管辖区域内迁移，由原登记机关办理变更登记；向原登记机关管辖区域外迁移的，应当在取得迁移目的地的卫生行政部门发给的《设置医疗机构批准书》，并经原登记机关核准办理注销登记后，再向迁移目的地的卫生行政部门申请办理执业登记。

第三十三条 登记机关在受理变更登记申请后，依据条例和本细则的有关规定以及当地《医疗机构设置规划》进行审核，按照登记程序或者简化程序办理变更登记，并作出核准变更登记或者不予变更登记的决定。

第三十四条 医疗机构停业，必须经登记机关批准。除改建、扩建、迁建原因，医疗机构停业不得超过一年。

第三十五条 床位在一百张以上的综合医院、中医医院、中西医结合医院、民族医医院以及专科医院、疗养院、康复医院、妇幼保健院、急救中心、临床检 验中心和专科疾病防治机构的校验期为三年；其他医疗机构的校验期为一年。

医疗机构应当于校验期满前三个月向登记机关申请办理校验手续。

办理校验应当交验《医疗机构执业许可证》，并提交下列文件：

（一）《医疗机构校验申请书》；

（二）《医疗机构执业许可证》副本；

（三）省、自治区、直辖市卫生行政部门规定提交的其他材料。

第三十六条 卫生行政部门应当在受理校验申请后的三十日内完成校验。

第三十七条 医疗机构有下列情形之一的，登记机关可以根据情况，给予一至六个月的暂缓校验期：

（一）不符合《医疗机构基本标准》；

（二）限期改正期间；

（三）省、自治区、直辖市卫生行政部门规定的其他情形。

不设床位的医疗机构在暂缓校验期内不得执业。

暂缓校验期满仍不能通过校验的，由登记机关注销其《医疗机构执业许可证》：

第三十八条 县级卫生行政部门应当于每年二月底前，将上年度本行政区域内执业的医疗机构名册逐级上报至卫生部，其中中医、中西医结合和民族医医疗机构名册逐级上报至国家中医药管理局。

第三十九条 医疗机构开业、迁移、更名、改变诊疗科目以及停业、歇业和校验结果由登记机关予以公告。

第四章　名　称

第四十条 医疗机构的名称由识别名称和通用名称依次组成。

医疗机构的通用名称为：医院、中心卫生院、卫生院、疗养院、妇幼保健院、门诊部、诊所、卫生所、卫生站、卫生室、医务室、卫生保健所、急救中心、急救站、临床检验中心、防治院、防治所、防治站、护理院、护理站、中心以及卫生部规定或者认可的其他名称。

医疗机构可以下列名称作为识别名称：地名、单位名称、个人姓名、医学学科名称、医学专业和专科名称、诊疗科目名称和核准机关批准使用的名称。

第四十一条 医疗机构的命名必须符合以下原则：

（一）医疗机构的通用名称以前条第二款所列的名称为限；

（二）前条第三款所列的医疗机构的识别名称可以合并使用；

（三）名称必须名副其实；

（四）名称必须与医疗机构类别或者诊疗科目相适应；

（五）各级地方人民政府设置的医疗机构的识别名称中应当含有省、市、县、区、街道、乡、镇、村等行政区划名称，其他医疗机构的识别名称中不得含有行政区划名称；

（六）国家机关、企业和事业单位、社会团体或者个人设置的医疗机构的名称中应当含有设置单位名称或者个人的姓名。

第四十二条 医疗机构不得使用下列名称：

（一）有损于国家、社会或者公共利益的名称；

（二）侵犯他人利益的名称；

（三）以外文字母、汉语拼音组成的名称；

（四）以医疗仪器、药品、医用产品命名的名称。

（五）含有"疑难病"、"专治"、"专家"、"名医"或者同类含义文字的名称以及其他宣传或者暗示诊疗效果的名称；

（六）超出登记的诊疗科目范围的名称；

（七）省级以上卫生行政部门规定不得使用的名称。

第四十三条 以下医疗机构名称由卫生部核准；属于中医、中西医结合和民族医医疗机构的，由国家中医药管理局核准：

（一）含有外国国家（地区）名称及其简称、国际组织名称的；

（二）含有"中国"、"全国"、"中华"、"国家"等字样以及跨省地域名称的；

（三）各级地方人民政府设置的医疗机构的识别名称中不含有行政区划名称的。

第四十四条 以"中心"作为医疗机构通用名称的医疗机构名称，由省级以上卫生行政部门核准；在识别名称中含有"中心"

字样的医疗机构名称的核准，由省、自治区、直辖市卫生行政部门规定。

含有"中心"字样的医疗机构名称必须同时含有行政区划名称或者地名。

第四十五条 除专科疾病防治机构以外，医疗机构不得以具体疾病名称作为识别名称，确有需要的由省、自治区、直辖市卫生行政部门核准。

第四十六条 医疗机构名称经核准登记，于领取《医疗机构执业许可证》后方可使用，在核准机关管辖范围内享有专用权。

第四十七条 医疗机构只准使用一个名称。确有需要，经核准机关核准可以使用两个或者两个以上名称，但必须确定一个第一名称。

第四十八条 卫生行政部门有权纠正已经核准登记的不适宜的医疗机构名称，上级卫生行政部门有权纠正下级卫生行政部门已经核准登记的不适宜的医疗机构名称。

第四十九条 两个以上申请人向同一核准机关申请相同的医疗机构名称，核准机关依照申请在先原则核定。属于同一天申请的，应当由申请人双方协商解决；

协商不成的，由核准机关作出裁决。

两个以上医疗机构因已经核准登记的医疗机构名称相同发生争议时，核准机关依照登记在先原则处理。属于同一天登记的，应当由双方协商解决；协商不成的，由核准机关报上一级卫生行政部门作出裁决。

第五十条 医疗机构名称不得买卖、出借。

未经核准机关许可，医疗机构名称不得转让。

第五章 执 业

第五十一条 医疗机构的印章、银行账户、牌匾以及医疗文件中使用的名称应当与核准登记的医疗机构名称相同；使用两个以上名称的，应当与第一名称相同。

第五十二条　医疗机构应当严格执行无菌消毒、隔离制度，采取科学有效的措施处理污水和废弃物，预防和减少医院感染。

第五十三条　医疗机构的门诊病历的保存期不得少于十五年；住院病历的保存期不得少于三十年。

第五十四条　标有医疗机构标识的票据和病历本册以及处方笺、各种检查的申请单、报告单、证明文书单、药品分装袋、制剂标签等不得买卖、出借和转让。

医疗机构不得冒用标有其他医疗机构标识的票据和病历本册以及处方笺、各种检查的申请单、报告单、证明文书单、药品分装袋、制剂标签等。

第五十五条　医疗机构应当按照卫生行政部门的有关规定、标准加强医疗质量管理，实施医疗质量保证方案，确保医疗安全和服务质量，不断提高服务水平。

第五十六条　医疗机构应当定期检查、考核各项规章制度和各级各类人员岗位责任制的执行和落实情况。

第五十七条　医疗机构应当经常对医务人员进行"基础理论、基本知识、基本技能"的训练与考核，把"严格要求、严密组织、严谨态度"落实到各项工作中。

第五十八条　医疗机构应当组织医务人员学习医德规范和有关教材，督促医务人员恪守职业道德。

第五十九条　医疗机构不得使用假劣药品、过期和失效药品以及违禁药品。

第六十条　医疗机构为死因不明者出具的《死亡医学证明书》，只作是否死亡的诊断，不作死亡原因的诊断。如有关方面要求进行死亡原因诊断的，医疗机构必须指派医生对尸体进行解剖和有关死因检查后方能作出死因诊断。

第六十一条 医疗机构在诊疗活动中，应当对患者实行保护性医疗措施，并取得患者家属和有关人员的配合。

第六十二条 医疗机构应当尊重患者对自己的病情、诊断、治疗的知情权利。

在实施手术、特殊检查、特殊治疗时，应当向患者作必要的解释。因实施保护性医疗措施不宜向患者说明情况的，应当将有关情况通知患者家属。

第六十三条 门诊部、诊所、卫生所、医务室、卫生保健所和卫生站附设药房（柜）的药品种类由登记机关核定，具体办法由省、自治区、直辖市卫生行政部门规定。

第六十四条 为内部职工服务的医疗机构未经许可和变更登记不得向社会开放。

第六十五条 医疗机构被吊销或者注销执业许可证后，不得继续开展诊疗活动。

第六章 监督管理

第六十六条 各级卫生行政部门负责所辖区域内医疗机构的监督管理工作。

第六十七条 在监督管理工作中，要充分发挥医院管理学会和卫生工作者协会等学术性和行业性社会团体的作用。

第六十八条 县级以上卫生行政部门设立医疗机构监督管理办公室。

各级医疗机构监督管理办公室在同级卫生行政部门的领导下开展工作。

第六十九条 各级医疗机构监督管理办公室的职责：

（一）拟订医疗机构监督管理工作计划；

（二）办理医疗机构监督员的审查、发证、换证；

（三）负责医疗机构登记、校验和有关监督管理工作的统计，并向同级卫生行政部门报告；

（四）负责接待、办理群众对医疗机构的投诉；

（五）完成卫生行政部门交给的其他监督管理工作。

第七十条　县级以上卫生行政部门设医疗机构监督员，履行规定的监督管理职责。

医疗机构监督员由同级卫生行政部门聘任。

医疗机构监督员应当严格执行国家有关法律、法规和规章，其主要职责是：

（一）对医疗机构执行有关法律、法规、规章和标准的情况进行监督、检查、指导；

（二）对医疗机构执业活动进行监督、检查、指导；

（三）对医疗机构违反条例和本细则的案件进行调查、取证；

（四）对经查证属实的案件向卫生行政部门提出处理或者处罚意见；

（五）实施职权范围内的处罚；

（六）完成卫生行政部门交付的其他监督管理工作。

第七十一条　医疗机构监督员有权对医疗机构进行现场检查，无偿索取有关资料，医疗机构不得拒绝、隐匿或者隐瞒。

医疗机构监督员在履行职责时应当佩戴证章、出示证件。

医疗机构监督员证章、证件由卫生部监制。

第七十二条　各级卫生行政部门对医疗机构的执业活动检查、指导主要包括：

（一）执行国家有关法律、法规、规章和标准情况；

（二）执行医疗机构内部各项规章制度和各级各类人员岗位责任制情况；

（三）医德医风情况；

（四）服务质量和服务水平情况；

（五）执行医疗收费标准情况；

（六）组织管理情况；

（七）人员任用情况；

（八）省、自治区、直辖市卫生行政部门规定的其他检查、指导项目。

第七十三条　国家实行医疗机构评审制度，对医疗机构的基本标准、服务质量、技术水平、管理水平等进行综合评价。县级以上卫生行政部门负责医疗机构评审的组织和管理；各级医疗机构评审委员会负责医疗机构评审的具体实施。

第七十四条　县级以上中医（药）行政管理部门成立医疗机构评审委员会，负责中医、中西医结合和民族医医疗机构的评审。

第七十五条　医疗机构评审包括周期性评审、不定期重点检查。

医疗机构评审委员会在对医疗机构进行评审时，发现有违反条例和本细则的情节，应当及时报告卫生行政部门；医疗机构评审委员会委员为医疗机构监督员的，可以直接行使监督权。

第七十六条　《医疗机构监督管理行政处罚程序》另行制定。

第七章　处　罚

第七十七条　对未取得《医疗机构执业许可证》擅自执业的，责令其停止执业活动，没收非法所得和药品、器械，并处以三千元以下的罚款；有下列情形之一的，责令其停止执业活动，没收非法所得和药品、器械，处以三千元以上一万元以下的罚款：

（一）因擅自执业曾受过卫生行政部门处罚；

（二）擅自执业的人员为非卫生技术专业人员；

（三）擅自执业时间在三个月以上；

（四）给患者造成伤害；

（五）使用假药、劣药蒙骗患者；

（六）以行医为名骗取患者钱物；

（七）省、自治区、直辖市卫生行政部门规定的其他情形。

第七十八条 对不按期办理校验《医疗机构执业许可证》又不停止诊疗活动的，责令其限期补办校验手续；在限期内仍不办理校验的，吊销其《医疗机构执业许可证》。

第七十九条 转让、出借《医疗机构执业许可证》的，没收其非法所得，并处以三千元以下的罚款；有下列情形之一的，没收其非法所得，处以三千元以上五千元以下的罚款，并吊销《医疗机构执业许可证》：

（一）出卖《医疗机构执业许可证》；

（二）转让或者出借《医疗机构执业许可证》是以营利为目的；

（三）受让方或者承借方给患者造成伤害；

（四）转让、出借《医疗机构执业许可证》给非卫生技术专业人员；

（五）省、自治区、直辖市卫生行政部门规定的其他情形。

第八十条 除急诊和急救外，医疗机构诊疗活动超出登记的诊疗科目范围，情节轻微的，处以警告；有下列情形之一的，责令其限期改正，并可处以三千元以下罚款：

（一）超出登记的诊疗科目范围的诊疗活动累计收入在三千元以下；

（二）给患者造成伤害。

有下列情形之一的，处以三千元罚款，并吊销《医疗机构执业许可证》：

（一）超出登记的诊疗科目范围的诊疗活动累计收入在三千元以上；

（二）给患者造成伤害；

（三）省、自治区、直辖市卫生行政部门规定的其他情形。

第八十一条 任用非卫生技术人员从事医疗卫生技术工作的，责令其立即改正，并可处以三千元以下的罚款；有下列情形之一的，处以三千元以上五千元以下罚款，并可以吊销其《医疗机构执业许可证》：

（一）任用两名以上非卫生技术人员从事诊疗活动；

（二）任用的非卫生技术人员给患者造成伤害。

医疗机构使用卫生技术人员从事本专业以外的诊疗活动的，按使用非卫生技术人员处理。

第八十二条 出具虚假证明文件，情节轻微的，给予警告，并可处以五百元以下的罚款；有下列情形之一的，处以五百元以上一千元以下的罚款：

（一）出具虚假证明文件造成延误诊治的；

（二）出具虚假证明文件给患者精神造成伤害的；

（三）造成其他危害后果的。

对直接责任人员由所在单位或者上级机关给予行政处分。

第八十三条 医疗机构有下列情形之一的，登记机关可以责令其限期改正：

（一）发生重大医疗事故；

（二）连续发生同类医疗事故，不采取有效防范措施；

（三）连续发生原因不明的同类患者死亡事件，同时存在管理不善因素；

（四）管理混乱，有严重事故隐患，可能直接影响医疗安全；

（五）省、自治区、直辖市卫生行政部门规定的其他情形。

第八十四条　当事人对行政处罚决定不服的，可以在接到《行政处罚决定通知书》之日起十五日内向作出行政处罚决定的上一级卫生行政部门申请复议。上级卫生行政部门应当在接到申请书之日起三十日内作出书面答复。

当事人对行政处罚决定不服的，也可以在接到《行政处罚决定通知书》之日起十五日内直接向人民法院提起行政诉讼。

逾期不申请复议、不起诉又不履行行政处罚决定的，由作出行政处罚决定的卫生行政部门填写《行政处罚强制执行申请书》，向人民法院申请强制执行。

第八章　附　则

第八十五条　医疗机构申请办理设置审批、执业登记、校验、评审时，应当交纳费用，医疗机构执业应当交纳管理费，具体办法由省级以上卫生行政部门会同物价管理部门规定。

第八十六条　各省、自治区、直辖市根据条例和本细则并结合当地的实际情况，制定实施办法。实施办法中的有关中医、中西结合、民族医医疗机构的条款，由省、自治区、直辖市中医（药）行政部门拟订。

第八十七条　条例及本细则实施前已经批准执业的医疗机构的审核登记办法，由省、自治区、直辖市卫生行政部门根据当地的实际情况规定。

第八十八条　条例及本细则中下列用语的含义：

诊疗活动：是指通过各种检查，使用药物、器械及手术等方法，对疾病作出判断和消除疾病、缓解病情、减轻痛苦、改善功能、延长生命、帮助患者恢复健康的活动。

医疗美容：是指使用药物以及手术、物理和其他损伤性或者侵入性手段进行的美容。

特殊检查、特殊治疗：是指具有下列情形之一的诊断、治疗活动：

（一）有一定危险性，可能产生不良后果的检查和治疗；

（二）由于患者体质特殊或者病情危笃，可能对患者产生不良后果和危险的检查和治疗；

（三）临床试验性检查和治疗；

（四）收费可能对患者造成较大经济负担的检查和治疗。

卫生技术人员：是指按照国家有关法律、法规和规章的规定取得卫生技术人员资格或者职称的人员。

技术规范：是指由卫生部、国家中医药管理局制定或者认可的与诊疗活动有关的技术标准、操作规程等规范性文件。

军队的医疗机构：是指中国人民解放军和中国人民武装警察部队编制内的医疗机构。

第八十九条 各级中医（药）行政管理部门依据条例和本细则以及当地医疗机构管理条例实施办法，对管辖范围内各类中医、中西医结合和民族医医疗机构行使设置审批、登记和监督管理权。

第九十条 本细则的解释权在卫生部。

第九十一条 本细则自 1994 年 9 月 1 日起施行。

5.《医疗事故技术鉴定暂行办法》全文

第一章　总　则

第一条　为规范医疗事故技术鉴定工作，确保医疗事故技术鉴定工作有序进行，依据《医疗事故处理条例》的有关规定制定本办法。

第二条　医疗事故技术鉴定工作应当按照程序进行，坚持实事求是的科学态度，做到事实清楚、定性准确、责任明确。

第三条　医疗事故技术鉴定分为首次鉴定和再次鉴定。设区的市级和省、自治区、直辖市直接管辖的县（市）级地方医学会负责组织专家鉴定组进行首次医疗事故技术鉴定工作。省、自治区、直辖市地方医学会负责组织医疗事故争议的再次鉴定工作。负责组织医疗事故技术鉴定工作的医学会（以下简称医学会）可以设立医疗事故技术鉴定工作办公室，具体负责有关医疗事故技术鉴定的组织和日常工作。

第四条　医学会组织专家鉴定组，依照医疗卫生管理法律、行政法规、部门规章和诊疗护理技术操作规范、常规，运用医学科学原理和专业知识，独立进行医疗事故技术鉴定。

第二章　专家库的建立

第五条　医学会应当建立专家库。专家库应当依据学科专业组名录设置学科专业组。

医学会可以根据本地区医疗工作和医疗事故技术鉴定实际，

对本专家库学科专业组设立予以适当增减和调整。

第六条 具备下列条件的医疗卫生专业技术人员可以成为专家库候选人：（一）有良好的业务素质和执业品德；（二）受聘于医疗卫生机构或者医学教学、科研机构并担任相应专业高级技术职务3年以上；（三）健康状况能够胜任医疗事故技术鉴定工作。

符合前款（一）、（三）项规定条件并具备高级技术职务任职资格的法医可以受聘进入专家库。

负责首次医疗事故技术鉴定工作的医学会原则上聘请本行政区域内的专家建立专家库；当本行政区域内的专家不能满足建立专家库需要时，可以聘请本省、自治区、直辖市范围内的专家进入本专家库。

负责再次医疗事故技术鉴定工作的医学会原则上聘请本省、自治区、直辖市范围内的专家建立专家库；当本省、自治区、直辖市范围内的专家不能满足建立专家库需要时，可以聘请其他省、自治区、直辖市的专家进入本专家库。

第七条 医疗卫生机构或医学教学、科研机构、同级的医药卫生专业学会应当按照医学会要求，推荐专家库成员候选人；符合条件的个人经所在单位同意后也可以直接向组建专家库的医学会申请。

医学会对专家库成员候选人进行审核。审核合格的，予以聘任，并发给中华医学会统一格式的聘书。

符合条件的医疗卫生专业技术人员和法医，有义务受聘进入专家库。

第八条 专家库成员聘用期为4年。在聘用期间出现下列情形之一的，应当由专家库成员所在单位及时报告医学会，医学会应根据实际情况及时进行调整：（一）因健康原因不能胜任医疗事故技术鉴定的；（二）变更受聘单位或被解聘的；（三）不具备完全民事行为能力的；（四）受刑事处罚的；（五）省级以上卫生行政部门规定的其他情形。

聘用期满需继续聘用的，由医学会重新审核、聘用。

第三章　鉴定的提起

第九条　双方当事人协商解决医疗事故争议，需进行医疗事故技术鉴定的，应共同书面委托医疗机构所在地负责首次医疗事故技术鉴定工作的医学会进行医疗事故技术鉴定。

第十条　县级以上地方人民政府卫生行政部门接到医疗机构关于重大医疗过失行为的报告或者医疗事故争议当事人要求处理医疗事故争议的申请后，对需要进行医疗事故技术鉴定的，应当书面移交负责首次医疗事故技术鉴定工作的医学会组织鉴定。

第十一条　协商解决医疗事故争议涉及多个医疗机构的，应当由涉及的所有医疗机构与患者共同委托其中任何一所医疗机构所在地负责组织首次医疗事故技术鉴定工作的医学会进行医疗事故技术鉴定。

医疗事故争议涉及多个医疗机构，当事人申请卫生行政部门处理的，只可以向其中一所医疗机构所在地卫生行政部门提出处理申请。

第四章　鉴定的受理

第十二条　医学会应当自受理医疗事故技术鉴定之日起 5 日内，通知医疗事故争议双方当事人按照《医疗事故处理条例》第二十八条规定提交医疗事故技术鉴定所需的材料。

当事人应当自收到医学会的通知之日起 10 日内提交有关医疗事故技术鉴定的材料、书面陈述及答辩。

对不符合受理条件的，医学会不予受理。不予受理的，医学会应说明理由。

第十三条 有下列情形之一的，医学会不予受理医疗事故技术鉴定：（一）当事人一方直接向医学会提出鉴定申请的；（二）医疗事故争议涉及多个医疗机构，其中一所医疗机构所在地的医学会已经受理的；（三）医疗事故争议已经人民法院调解达成协议或判决的；（四）当事人已向人民法院提起民事诉讼的（司法机关委托的除外）；（五）非法行医造成患者身体健康损害的；（六）卫生部规定的其他情形。

第十四条 委托医学会进行医疗事故技术鉴定，应当按规定缴纳鉴定费。

第十五条 双方当事人共同委托医疗事故技术鉴定的，由双方当事人协商预先缴纳鉴定费。

卫生行政部门移交进行医疗事故技术鉴定的，由提出医疗事故争议处理的当事人预先缴纳鉴定费。经鉴定属于医疗事故的，鉴定费由医疗机构支付；经鉴定不属于医疗事故的，鉴定费由提出医疗事故争议处理申请的当事人支付。

县级以上地方人民政府卫生行政部门接到医疗机构关于重大医疗过失行为的报告后，对需要移交医学会进行医疗事故技术鉴定的，鉴定费由医疗机构支付。

第十六条 有下列情形之一的，医学会中止组织医疗事故技术鉴定：（一）当事人未按规定提交有关医疗事故技术鉴定材料的；（二）提供的材料不真实的；（三）拒绝缴纳鉴定费的；（四）卫生部规定的其他情形。

第五章 专家鉴定组的组成

第十七条 医学会应当根据医疗事故争议所涉及的学科专业，确定专家鉴定组的构成和人数。

专家鉴定组组成人数应为 3 人以上单数。

医疗事故争议涉及多学科专业的，其中主要学科专业的专家不得少于专家鉴定组成员的二分之一。

第十八条　医学会应当提前通知双方当事人，在指定时间、指定地点，从专家库相关学科专业组中随机抽取专家鉴定组成员。

第十九条　医学会主持双方当事人抽取专家鉴定组成员前，应当将专家库相关学科专业组中专家姓名、专业、技术职务、工作单位告知双方当事人。

第二十条　当事人要求专家库成员回避的，应当说明理由。符合下列情形之一的，医学会应当将回避的专家名单撤出，并经当事人签字确认后记录在案：（一）医疗事故争议当事人或者当事人的近亲属的；（二）与医疗事故争议有利害关系的；（三）与医疗事故争议当事人有其他关系，可能影响公正鉴定的。

第二十一条　医学会对当事人准备抽取的专家进行随机编号，并主持双方当事人随机抽取相同数量的专家编号，最后一个专家由医学会随机抽取。

双方当事人还应当按照上款规定的方法各自随机抽取一个专家作为候补。

涉及死因、伤残等级鉴定的，应当按照前款规定由双方当事人各自随机抽取一名法医参加鉴定组。

第二十二条　随机抽取结束后，医学会当场向双方当事人公布所抽取的专家鉴定组成员和候补成员的编号并记录在案。

第二十三条　现有专家库成员不能满足鉴定工作需要时，医学会应当向双方当事人说明，并经双方当事人同意，可以从本省、自治区、直辖市其他医学会专家库中抽取相关学科专业组的专家参加专家鉴定组；本省、自治区、直辖市医学会专家库成员不能满足鉴定工作需要时，可以从其他省、自治区、直辖市医学会专家库中抽取相关学科专业组的专家参加专家鉴定组。

第二十四条 从其他医学会建立的专家库中抽取的专家无法到场参加医疗事故技术鉴定，可以以函件的方式提出鉴定意见。

第二十五条 专家鉴定组成员确定后，在双方当事人共同在场的情况下，由医学会对封存的病历资料启封。

第二十六条 专家鉴定组应当认真审查双方当事人提交的材料，妥善保管鉴定材料，保护患者的隐私，保守有关秘密。

第六章 医疗事故技术鉴定

第二十七条 医学会应当自接到双方当事人提交的有关医疗事故技术鉴定的材料、书面陈述及答辩之日起45日内组织鉴定并出具医疗事故技术鉴定书。

第二十八条 医学会可以向双方当事人和其他相关组织、个人进行调查取证，进行调查取证时不得少于2人。调查取证结束后，调查人员和调查对象应当在有关文书上签字。如调查对象拒绝签字的，应当记录在案。

第二十九条 医学会应当在医疗事故技术鉴定7日前，将鉴定的时间、地点、要求等书面通知双方当事人。双方当事人应当按照通知的时间、地点、要求参加鉴定。

参加医疗事故技术鉴定的双方当事人每一方人数不超过3人。

任何一方当事人无故缺席、自行退席或拒绝参加鉴定的，不影响鉴定的进行。

第三十条 医学会应当在医疗事故技术鉴定7日前书面通知专家鉴定组成员。专家鉴定组成员接到医学会通知后认为自己应当回避的，应当于接到通知时及时提出书面回避申请，并说明理由；因其他原因无法参加医疗事故技术鉴定的，应当于接到通知时及时书面告知医学会。

第三十一条 专家鉴定组成员因回避或因其他原因无法参加医疗事故技术鉴定时，医学会应当通知相关学科专业组候补成员参加医疗事故技术鉴定。

专家鉴定组成员因不可抗力因素未能及时告知医学会不能参加鉴定或虽告知但医学会无法按规定组成专家鉴定组的，医疗事故技术鉴定可以延期进行。

第三十二条 专家鉴定组组长由专家鉴定组成员推选产生，也可以由医疗事故争议所涉及的主要学科专家中具有最高专业技术职务任职资格的专家担任。

第三十三条 鉴定由专家鉴定组组长主持，并按照以下程序进行：（一）双方当事人在规定的时间内分别陈述意见和理由。陈述顺序先患方，后医疗机构；（二）专家鉴定组成员根据需要可以提问，当事人应当如实回答。必要时，可以对患者进行现场医学检查；（三）双方当事人退场；（四）专家鉴定组对双方当事人提供的书面材料、陈述及答辩等进行讨论；（五）经合议，根据半数以上专家鉴定组成员的一致意见形成鉴定结论。专家鉴定组成员在鉴定结论上签名。专家鉴定组成员对鉴定结论的不同意见，应当予以注明。

第三十四条 医疗事故技术鉴定书应当根据鉴定结论作出，其文稿由专家鉴定组组长签发。

医疗事故技术鉴定书盖医学会医疗事故技术鉴定专用印章。

医学会应当及时将医疗事故技术鉴定书送达移交鉴定的卫生行政部门，经卫生行政部门审核，对符合规定作出的医疗事故技术鉴定结论，应当及时送达双方当事人；由双方当事人共同委托的，直接送达双方当事人。

第三十五条 医疗事故技术鉴定书应当包括下列主要内容：（一）双方当事人的基本情况及要求；（二）当事人提交的材料和

医学会的调查材料；（三）对鉴定过程的说明；（四）医疗行为是否违反医疗卫生管理法律、行政法规、部门规章和诊疗护理规范、常规；（五）医疗过失行为与人身损害后果之间是否存在因果关系；（六）医疗过失行为在医疗事故损害后果中的责任程度；（七）医疗事故等级；（八）对医疗事故患者的医疗护理医学建议。

经鉴定为医疗事故的，鉴定结论应当包括上款（四）至（八）项内容；经鉴定不属于医疗事故的，应当在鉴定结论中说明理由。

医疗事故技术鉴定书格式由中华医学会统一制定。

第三十六条 专家鉴定组应当综合分析医疗过失行为在导致医疗事故损害后果中的作用、患者原有疾病状况等因素，判定医疗过失行为的责任程度。医疗事故中医疗过失行为责任程度分为：

（一）完全责任，指医疗事故损害后果完全由医疗过失行为造成。

（二）主要责任，指医疗事故损害后果主要由医疗过失行为造成，其他因素起次要作用。

（三）次要责任，指医疗事故损害后果主要由其他因素造成，医疗过失行为起次要作用。

（四）轻微责任，指医疗事故损害后果绝大部分由其他因素造成，医疗过失行为起轻微作用。

第三十七条 医学会参加医疗事故技术鉴定会的工作人员，应如实记录鉴定会过程和专家的意见。

第三十八条 因当事人拒绝配合，无法进行医疗事故技术鉴定的，应当终止本次鉴定，由医学会告知移交鉴定的卫生行政部门或共同委托鉴定的双方当事人，说明不能鉴定的原因。

第三十九条 医学会对经卫生行政部门审核认为参加鉴定的人员资格和专业类别或者鉴定程序不符合规定，需要重新鉴定的，应当重新组织鉴定。重新鉴定时不得收取鉴定费。

如参加鉴定的人员资格和专业类别不符合规定的，应当重新抽取专家，组成专家鉴定组进行重新鉴定。

如鉴定的程序不符合规定而参加鉴定的人员资格和专业类别符合规定的，可以由原专家鉴定组进行重新鉴定。

第四十条 任何一方当事人对首次医疗事故技术鉴定结论不服的，可以自收到首次医疗事故技术鉴定书之日起15日内，向原受理医疗事故争议处理申请的卫生行政部门提出再次鉴定的申请，或由双方当事人共同委托省、自治区、直辖市医学会组织再次鉴定。

第四十一条 县级以上地方人民政府卫生行政部门对发生医疗事故的医疗机构和医务人员进行行政处理时，应当以最后的医疗事故技术鉴定结论作为处理依据。

第四十二条 当事人对鉴定结论无异议，负责组织医疗事故技术鉴定的医学会应当及时将收到的鉴定材料中的病历资料原件等退还当事人，并保留有关复印件。当事人提出再次鉴定申请的，负责组织首次医疗事故技术鉴定的医学会应当及时将收到的鉴定材料移送负责组织再次医疗事故技术鉴定的医学会。

第四十三条 医学会应当将专家鉴定组成员签名的鉴定结论、由专家鉴定组组长签发的医疗事故技术鉴定书文稿和复印或者复制的有关病历资料等存档，保存期限不得少于20年。

第四十四条 在受理医患双方共同委托医疗事故技术鉴定后至专家鉴定组作出鉴定结论前，双方当事人或者一方当事人提出停止鉴定的，医疗事故技术鉴定终止。

第四十五条 医学会应当于每年3月31日前将上一年度医疗事故技术鉴定情况报同级卫生行政部门。

第七章 附 则

第四十六条 必要时，对疑难、复杂并在全国有重大影响的医疗事故争议，省级卫生行政部门可以商请中华医学会组织医疗事故技术鉴定。

  第四十七条 本办法由卫生部负责解释。

  第四十八条 本办法自 2002 年 9 月 1 日起施行。

6. 最高人民法院《关于审理人身损害赔偿案件适用法律若干问题的解释》全文

（2003 年 12 月 4 日最高人民法院审判委员会第 1299 次会议通过，2003 年 12 月 26 日颁布，2004 年 5 月 1 日起实施。）

为正确审理人身损害赔偿案件，依法保护当事人的合法权益，根据《中华人民共和国民法通则》（以下简称《民法通则》）、《中华人民共和国民事诉讼法》（以下简称《民事诉讼法》）等有关法律规定，结合审判实践，就有关适用法律的问题作出如下解释：

第一条　因生命、健康、身体遭受侵害，赔偿权利人起诉请求赔偿义务人赔偿财产损失和精神损害的，人民法院应予受理。

本条所称"赔偿权利人"，是指因侵权行为或者其他致害原因直接遭受人身损害的受害人、依法由受害人承担扶养义务的被扶养人以及死亡受害人的近亲属。

本条所称"赔偿义务人"，是指因自己或者他人的侵权行为以及其他致害原因依法应当承担民事责任的自然人、法人或者其他组织。

第二条　受害人对同一损害的发生或者扩大有故意、过失的，依照民法通则第一百三十一条的规定，可以减轻或者免除赔偿义务人的赔偿责任。但侵权人因故意或者重大过失致人损害，受害人只有一般过失的，不减轻赔偿义务人的赔偿责任。

适用民法通则第一百零六条第三款规定确定赔偿义务人的赔偿责任时，受害人有重大过失的，可以减轻赔偿义务人的赔偿责任。

第三条　二人以上共同故意或者共同过失致人损害，或者虽无共同故意、共同过失，但其侵害行为直接结合发生同一损害后果的，构成共同侵权，应当依照民法通则第一百三十条规定承担连带责任。

二人以上没有共同故意或者共同过失，但其分别实施的数个行为间接结合发生同一损害后果的，应当根据过失大小或者原因力比例各自承担相应的赔偿责任。

第四条　二人以上共同实施危及他人人身安全的行为并造成损害后果，不能确定实际侵害行为人的，应当依照民法通则第一百三十条规定承担连带责任。共同危险行为人能够证明损害后果不是由其行为造成的，不承担赔偿责任。

第五条　赔偿权利人起诉部分共同侵权人的，人民法院应当追加其他共同侵权人作为共同被告。赔偿权利人在诉讼中放弃对部分共同侵权人的诉讼请求的，其他共同侵权人对被放弃诉讼请求的被告应当承担的赔偿份额不承担连带责任。责任范围难以确定的，推定各共同侵权人承担同等责任。

人民法院应当将放弃诉讼请求的法律后果告知赔偿权利人，并将放弃诉讼请求的情况在法律文书中叙明。

第六条　从事住宿、餐饮、娱乐等经营活动或者其他社会活动的自然人、法人、其他组织，未尽合理限度范围内的安全保障义务致使他人遭受人身损害，赔偿权利人请求其承担相应赔偿责任的，人民法院应予支持。

因第三人侵权导致损害结果发生的，由实施侵权行为的第三人承担赔偿责任。安全保障义务人有过错的，应当在其能够防止或者制止损害的范围内承担相应的补充赔偿责任。安全保障义务人承担责任后，可以向第三人追偿。赔偿权利人起诉安全保障义务人的，应当将第三人作为共同被告，但第三人不能确定的除外。

第七条　对未成年人依法负有教育、管理、保护义务的学校、幼儿园或者其他教育机构，未尽职责范围内的相关义务致使未成年人遭受人身损害，或者未成年人致他人人身损害的，应当承担与其过错相应的赔偿责任。

第三人侵权致未成年人遭受人身损害的，应当承担赔偿责任。学校、幼儿园等教育机构有过错的，应当承担相应的补充赔偿责任。

第八条　法人或者其他组织的法定代表人、负责人以及工作人员，在执行职务中致人损害的，依照民法通则第一百二十一条的规定，由该法人或者其他组织承担民事责任。上述人员实施与职务无关的行为致人损害的，应当由行为人承担赔偿责任。

属于《国家赔偿法》赔偿事由的，依照《国家赔偿法》的规定处理。

第九条　雇员在从事雇佣活动中致人损害的，雇主应当承担赔偿责任；雇员因故意或者重大过失致人损害的，应当与雇主承担连带赔偿责任。雇主承担连带赔偿责任的，可以向雇员追偿。

前款所称"从事雇佣活动"，是指从事雇主授权或者指示范围内的生产经营活动或者其他劳务活动。雇员的行为超出授权范围，但其表现形式是履行职务或者与履行职务有内在联系的，应当认定为"从事雇佣活动"。

第十条　承揽人在完成工作过程中对第三人造成损害或者造成自身损害的，定作人不承担赔偿责任。但定作人对定作、指示或者选任有过失的，应当承担相应的赔偿责任。

第十一条　雇员在从事雇佣活动中遭受人身损害，雇主应当承担赔偿责任。雇佣关系以外的第三人造成雇员人身损害的，赔偿权利人可以请求第三人承担赔偿责任，也可以请求雇主承担赔偿责任。雇主承担赔偿责任后，可以向第三人追偿。

雇员在从事雇佣活动中因安全生产事故遭受人身损害，发包人、分包人知道或者应当知道接受发包或者分包业务的雇主没有相应资质或者安全生产条件的，应当与雇主承担连带赔偿责任。

属于《工伤保险条例》调整的劳动关系和工伤保险范围的，不适用本条规定。

第十二条 依法应当参加工伤保险统筹的用人单位的劳动者，因工伤事故遭受人身损害，劳动者或者其近亲属向人民法院起诉请求用人单位承担民事赔偿责任的，告知其按《工伤保险条例》的规定处理。

因用人单位以外的第三人侵权造成劳动者人身损害，赔偿权利人请求第三人承担民事赔偿责任的，人民法院应予支持。

第十三条 为他人无偿提供劳务的帮工人，在从事帮工活动中致人损害的，被帮工人应当承担赔偿责任。被帮工人明确拒绝帮工的，不承担赔偿责任。帮工人存在故意或者重大过失，赔偿权利人请求帮工人和被帮工人承担连带责任的，人民法院应予支持。

第十四条 帮工人因帮工活动遭受人身损害的，被帮工人应当承担赔偿责任。被帮工人明确拒绝帮工的，不承担赔偿责任；但可以在受益范围内予以适当补偿。

帮工人因第三人侵权遭受人身损害的，由第三人承担赔偿责任。第三人不能确定或者没有赔偿能力的，可以由被帮工人予以适当补偿。

第十五条 为维护国家、集体或者他人的合法权益而使自己受到人身损害，因没有侵权人、不能确定侵权人或者侵权人没有赔偿能力，赔偿权利人请求受益人在受益范围内予以适当补偿的，人民法院应予支持。

第十六条　下列情形，适用民法通则第一百二十六条的规定，由所有人或者管理人承担赔偿责任，但能够证明自己没有过错的除外：

（一）道路、桥梁、隧道等人工建造的构筑物因维护、管理瑕疵致人损害的；

（二）堆放物品滚落、滑落或者堆放物倒塌致人损害的；

（三）树木倾倒、折断或者果实坠落致人损害的。

前款第（一）项情形，因设计、施工缺陷造成损害的，由所有人、管理人与设计、施工者承担连带责任。

第十七条　受害人遭受人身损害，因就医治疗支出的各项费用以及因误工减少的收入，包括医疗费、误工费、护理费、交通费、住宿费、住院伙食补助费、必要的营养费，赔偿义务人应当予以赔偿。

受害人因伤致残的，其因增加生活上需要所支出的必要费用以及因丧失劳动能力导致的收入损失，包括残疾赔偿金、残疾辅助器具费、被扶养人生活费，以及因康复护理、继续治疗实际发生的必要的康复费、护理费、后续治疗费，赔偿义务人也应当予以赔偿。

受害人死亡的，赔偿义务人除应当根据抢救治疗情况赔偿本条第一款规定的相关费用外，还应当赔偿丧葬费、被扶养人生活费、死亡补偿费以及受害人亲属办理丧葬事宜支出的交通费、住宿费和误工损失等其他合理费用。

第十八条　受害人或者死者近亲属遭受精神损害，赔偿权利人向人民法院请求赔偿精神损害抚慰金的，适用《最高人民法院关于确定民事侵权精神损害赔偿责任若干问题的解释》予以确定。

精神损害抚慰金的请求权，不得让与或者继承。但赔偿义务人已经以书面方式承诺给予金钱赔偿，或者赔偿权利人已经向人民法院起诉的除外。

第十九条 医疗费根据医疗机构出具的医药费、住院费等收款凭证，结合病历和诊断证明等相关证据确定。赔偿义务人对治疗的必要性和合理性有异议的，应当承担相应的举证责任。

医疗费的赔偿数额，按照一审法庭辩论终结前实际发生的数额确定。器官功能恢复训练所必要的康复费、适当的整容费以及其他后续治疗费，赔偿权利人可以待实际发生后另行起诉。但根据医疗证明或者鉴定结论确定必然发生的费用，可以与已经发生的医疗费一并予以赔偿。

第二十条 误工费根据受害人的误工时间和收入状况确定。

误工时间根据受害人接受治疗的医疗机构出具的证明确定。受害人因伤致残持续误工的，误工时间可以计算至定残日前一天。

受害人有固定收入的，误工费按照实际减少的收入计算。受害人无固定收入的，按照其最近三年的平均收入计算；受害人不能举证证明其最近三年的平均收入状况的，可以参照受诉法院所在地相同或者相近行业上一年度职工的平均工资计算。

第二十一条 护理费根据护理人员的收入状况和护理人数、护理期限确定。

护理人员有收入的，参照误工费的规定计算；护理人员没有收入或者雇佣护工的，参照当地护工从事同等级别护理的劳务报酬标准计算。护理人员原则上为一人，但医疗机构或者鉴定机构有明确意见的，可以参照确定护理人员人数。

护理期限应计算至受害人恢复生活自理能力时止。受害人因残疾不能恢复生活自理能力的，可以根据其年龄、健康状况等因素确定合理的护理期限，但最长不超过二十年。

受害人定残后的护理，应当根据其护理依赖程度并结合配制残疾辅助器具的情况确定护理级别。

第二十二条　交通费根据受害人及其必要的陪护人员因就医或者转院治疗实际发生的费用计算。交通费应当以正式票据为凭；有关凭据应当与就医地点、时间、人数、次数相符合。

第二十三条　住院伙食补助费可以参照当地国家机关一般工作人员的出差伙食补助标准予以确定。

受害人确有必要到外地治疗，因客观原因不能住院，受害人本人及其陪护人员实际发生的住宿费和伙食费，其合理部分应予赔偿。

第二十四条　营养费根据受害人伤残情况参照医疗机构的意见确定。

第二十五条　残疾赔偿金根据受害人丧失劳动能力程度或者伤残等级，按照受诉法院所在地上一年度城镇居民人均可支配收入或者农村居民人均纯收入标准，自定残之日起按二十年计算。但六十周岁以上的，年龄每增加一岁减少一年；七十五周岁以上的，按五年计算。

受害人因伤致残但实际收入没有减少，或者伤残等级较轻但造成职业妨害严重影响其劳动就业的，可以对残疾赔偿金作相应调整。

第二十六条　残疾辅助器具费按照普通适用器具的合理费用标准计算。伤情有特殊需要的，可以参照辅助器具配制机构的意见确定相应的合理费用标准。

辅助器具的更换周期和赔偿期限参照配制机构的意见确定。

第二十七条　丧葬费按照受诉法院所在地上一年度职工月平均工资标准，以六个月总额计算。

第二十八条　被扶养人生活费根据扶养人丧失劳动能力程度，按照受诉法院所在地上一年度城镇居民人均消费性支出和农村居民人均年生活消费支出标准计算。被扶养人为未成年人的，计算至十八周岁；被扶养人无劳动能力又无其他生活来源的，计算二十年。但六十周岁以上的，年龄每增加一岁减少一年；七十五周岁以上的，按五年计算。

被扶养人是指受害人依法应当承担扶养义务的未成年人或者丧失劳动能力又无其他生活来源的成年近亲属。被扶养人还有其他扶养人的，赔偿义务人只赔偿受害人依法应当负担的部分。被扶养人有数人的，年赔偿总额累计不超过上一年度城镇居民人均消费性支出额或者农村居民人均年生活消费支出额。

第二十九条 死亡赔偿金按照受诉法院所在地上一年度城镇居民人均可支配收入或者农村居民人均纯收入标准，按二十年计算。但六十周岁以上的，年龄每增加一岁减少一年；七十五周岁以上的，按五年计算。

第三十条 赔偿权利人举证证明其住所地或者经常居住地城镇居民人均可支配收入或者农村居民人均纯收入高于受诉法院所在地标准的，残疾赔偿金或者死亡赔偿金可以按照其住所地或者经常居住地的相关标准计算。

被扶养人生活费的相关计算标准，依照前款原则确定。

第三十一条 人民法院应当按照民法通则第一百三十一条以及本解释第二条的规定，确定第十九条至第二十九条各项财产损失的实际赔偿金额。

前款确定的物质损害赔偿金与按照第十八条第一款规定确定的精神损害抚慰金，原则上应当一次性给付。

第三十二条 超过确定的护理期限、辅助器具费给付年限或者残疾赔偿金给付年限，赔偿权利人向人民法院起诉请求继续给付护理费、辅助器具费或者残疾赔偿金的，人民法院应予受理。赔偿权利人确需继续护理、配制辅助器具，或者没有劳动能力和生活来源的，人民法院应当判令赔偿义务人继续给付相关费用五至十年。

第三十三条　赔偿义务人请求以定期金方式给付残疾赔偿金、被扶养人生活费、残疾辅助器具费的，应当提供相应的担保。人民法院可以根据赔偿义务人的给付能力和提供担保的情况，确定以定期金方式给付相关费用。但一审法庭辩论终结前已经发生的费用、死亡赔偿金以及精神损害抚慰金，应当一次性给付。

第三十四条　人民法院应当在法律文书中明确定期金的给付时间、方式以及每期给付标准。执行期间有关统计数据发生变化的，给付金额应当适时进行相应调整。

定期金按照赔偿权利人的实际生存年限给付，不受本解释有关赔偿期限的限制。

第三十五条　本解释所称"城镇居民人均可支配收入"、"农村居民人均纯收入"、"城镇居民人均消费性支出"、"农村居民人均年生活消费支出"、"职工平均工资"，按照政府统计部门公布的各省、自治区、直辖市以及经济特区和计划单列市上一年度相关统计数据确定。

"上一年度"，是指一审法庭辩论终结时的上一统计年度。

第三十六条　本解释自 2004 年 5 月 1 日起施行。2004 年 5 月 1 日后新受理的一审人身损害赔偿案件，适用本解释的规定。已经作出生效裁判的人身损害赔偿案件依法再审的，不适用本解释的规定。

在本解释公布施行之前已经生效施行的司法解释，其内容与本解释不一致的，以本解释为准。

7. 最高人民法院《关于确定民事侵权精神损害赔偿责任若干问题的解释》全文

(2001 年 2 月 26 日最高人民法院审判委员会第 1161 次会议通过,自 2001 年 3 月 10 日起施行。)

为在审理民事侵权案件中正确确定精神损害赔偿责任,根据《中华人民共和国民法通则》等有关法律规定,结合审判实践经验,对有关问题作如下解释:

第一条 自然人因下列人格权利遭受非法侵害,向人民法院起诉请求赔偿精神损害的,人民法院应当依法予以受理:

(一)生命权、健康权、身体权;

(二)姓名权、肖像权、名誉权、荣誉权;

(三)人格尊严权、人身自由权。

违反社会公共利益、社会公德侵害他人隐私或者其他人格利益,受害人以侵权为由向人民法院起诉请求赔偿精神损害的,人民法院应当依法予以受理。

第二条 非法使被监护人脱离监护,导致亲子关系或者近亲属间的亲属关系遭受严重损害,监护人向人民法院起诉请求赔偿精神损害的,人民法院应当依法予以受理。

第三条 自然人死亡后,其近亲属因下列侵权行为遭受精神痛苦,向人民法院起诉请求赔偿精神损害的,人民法院应当依法予以受理:

(一)以侮辱、诽谤、贬损、丑化或者违反社会公共利益、社会公德的其他方式，侵害死者姓名、肖像、名誉、荣誉；

（二）非法披露、利用死者隐私，或者以违反社会公共利益、社会公德的其他方式侵害死者隐私；

（三）非法利用、损害遗体、遗骨，或者以违反社会公共利益、社会公德的其他方式侵害遗体、遗骨。

第四条　具有人格象征意义的特定纪念物品，因侵权行为而永久性灭失或者毁损，物品所有人以侵权为由，向人民法院起诉请求赔偿精神损害的，人民法院应当依法予以受理。

第五条　法人或者其他组织以人格权利遭受侵害为由，向人民法院起诉请求赔偿精神损害的，人民法院不予受理。

第六条　当事人在侵权诉讼中没有提出赔偿精神损害的诉讼请求，诉讼终结后又基于同一侵权事实另行起诉请求赔偿精神损害的，人民法院不予受理。

第七条　自然人因侵权行为致死，或者自然人死亡后其人格或者遗体遭受侵害，死者的配偶、父母和子女向人民法院起诉请求赔偿精神损害的，列其配偶、父母和子女为原告；没有配偶、父母和子女的，可以由其他近亲属提起诉讼，列其他近亲属为原告。

第八条　因侵权致人精神损害，但未造成严重后果，受害人请求赔偿精神损害的，一般不予支持，人民法院可以根据情形判令侵权人停止侵害、恢复名誉、消除影响、赔礼道歉。

因侵权致人精神损害，造成严重后果的，人民法院除判令侵权人承担停止侵害、恢复名誉、消除影响、赔礼道歉等民事责任外，可以根据受害人一方的请求判令其赔偿相应的精神损害抚慰金。

第九条　精神损害抚慰金包括以下方式：

（一）致人残疾的，为残疾赔偿金；

（二）致人死亡的，为死亡赔偿金；

（三）其他损害情形的精神抚慰金。

第十条 精神损害的赔偿数额根据以下因素确定：

（一）侵权人的过错程度，法律另有规定的除外；

（二）侵害的手段、场合、行为方式等具体情节；

（三）侵权行为所造成的后果；

（四）侵权人的获利情况；

（五）侵权人承担责任的经济能力；

（六）受诉法院所在地平均生活水平。

法律、行政法规对残疾赔偿金、死亡赔偿金等有明确规定的，适用法律、行政法规的规定。

第十一条 受害人对损害事实和损害后果的发生有过错的，可以根据其过错程度减轻或者免除侵权人的精神损害赔偿责任。

第十二条 在本解释公布施行之前已经生效施行的司法解释，其内容有与本解释不一致的，以本解释为准。

8. 《乡村医生从业管理条例》全文

（2003 年 7 月 30 日国务院第 16 次常务会议通过，自 2004 年 1 月 1 日起施行。）

第一章　总　　则

第一条　为了提高乡村医生的职业道德和业务素质，加强乡村医生从业管理，保护乡村医生的合法权益，保障村民获得初级卫生保健服务，根据《中华人民共和国执业医师法》（以下称执业医师法）的规定，制定本条例。

第二条　本条例适用于尚未取得执业医师资格或者执业助理医师资格，经注册在村医疗卫生机构从事预防、保健和一般医疗服务的乡村医生。

村医疗卫生机构中的执业医师或者执业助理医师，依照执业医师法的规定管理，不适用本条例。

第三条　国务院卫生行政主管部门负责全国乡村医生的管理工作。

县级以上地方人民政府卫生行政主管部门负责本行政区域内乡村医生的管理工作。

第四条　国家对在农村预防、保健、医疗服务和突发事件应急处理工作中做出突出成绩的乡村医生，给予奖励。

第五条　地方各级人民政府应当加强乡村医生的培训工作，采取多种形式对乡村医生进行培训。

第六条 具有学历教育资格的医学教育机构，应当按照国家有关规定开展适应农村需要的医学学历教育，定向为农村培养适用的卫生人员。

国家鼓励乡村医生学习中医药基本知识，运用中医药技能防治疾病。

第七条 国家鼓励乡村医生通过医学教育取得医学专业学历；鼓励符合条件的乡村医生申请参加国家医师资格考试。

第八条 国家鼓励取得执业医师资格或者执业助理医师资格的人员，开办村医疗卫生机构，或者在村医疗卫生机构向村民提供预防、保健和医疗服务。

第二章 执业注册

第九条 国家实行乡村医生执业注册制度。

县级人民政府卫生行政主管部门负责乡村医生执业注册工作。

第十条 本条例公布前的乡村医生，取得县级以上地方人民政府卫生行政主管部门颁发的乡村医生证书，并符合下列条件之一的，可以向县级人民政府卫生行政主管部门申请乡村医生执业注册，取得乡村医生执业证书后，继续在村医疗卫生机构执业：

（一）已经取得中等以上医学专业学历的；

（二）在村医疗卫生机构连续工作20年以上的；

（三）按照省、自治区、直辖市人民政府卫生行政主管部门制定的培训规划，接受培训取得合格证书的。

第十一条 对具有县级以上地方人民政府卫生行政主管部门颁发的乡村医生证书，但不符合本条例第十条规定条件的乡村医生，县级人民政府卫生行政主管部门应当进行有关预防、保健和一般医疗服务基本知识的培训，并根据省、自治区、直辖市人民政府卫生行政主管部门确定的考试内容、考试范围进行考试。

前款所指的乡村医生经培训并考试合格的，可以申请乡村医生执业注册；经培训但考试不合格的，县级人民政府卫生行政主管部门应当组织对其再次培训和考试。不参加再次培训或者再次考试仍不合格的，不得申请乡村医生执业注册。

本条所指的培训、考试，应当在本条例施行后 6 个月内完成。

第十二条　本条例公布之日起进入村医疗卫生机构从事预防、保健和医疗服务的人员，应当具备执业医师资格或者执业助理医师资格。

不具备前款规定条件的地区，根据实际需要，可以允许具有中等医学专业学历的人员，或者经培训达到中等医学专业水平的其他人员申请执业注册，进入村医疗卫生机构执业。具体办法由省、自治区、直辖市人民政府制定。

第十三条　符合本条例规定申请在村医疗卫生机构执业的人员，应当持村医疗卫生机构出具的拟聘用证明和相关学历证明、证书，向村医疗卫生机构所在地的县级人民政府卫生行政主管部门申请执业注册。

县级人民政府卫生行政主管部门应当自受理申请之日起 15 日内完成审核工作，对符合本条例规定条件的，准予执业注册，发给乡村医生执业证书；对不符合本条例规定条件的，不予注册，并书面说明理由。

第十四条　乡村医生有下列情形之一的，不予注册：

（一）不具有完全民事行为能力的；

（二）受刑事处罚，自刑罚执行完毕之日起至申请执业注册之日止不满 2 年的；

（三）受吊销乡村医生执业证书行政处罚，自处罚决定之日起至申请执业注册之日止不满 2 年的。

第十五条　乡村医生经注册取得执业证书后，方可在聘用其执业的村医疗卫生机构从事预防、保健和一般医疗服务。

未经注册取得乡村医生执业证书的，不得执业。

第十六条 乡村医生执业证书有效期为5年。

乡村医生执业证书有效期满需要继续执业的，应当在有效期满前3个月申请再注册。

县级人民政府卫生行政主管部门应当自受理申请之日起15日内进行审核，对符合省、自治区、直辖市人民政府卫生行政主管部门规定条件的，准予再注册，换发乡村医生执业证书；对不符合条件的，不予再注册，由发证部门收回原乡村医生执业证书。

第十七条 乡村医生应当在聘用其执业的村医疗卫生机构执业；变更执业的村医疗卫生机构的，应当依照本条例第十三条规定的程序办理变更注册手续。

第十八条 乡村医生有下列情形之一的，由原注册的卫生行政主管部门注销执业注册，收回乡村医生执业证书：

（一）死亡或者被宣告失踪的；

（二）受刑事处罚的；

（三）中止执业活动满2年的；

（四）考核不合格，逾期未提出再次考核申请或者经再次考核仍不合格的。

第十九条 县级人民政府卫生行政主管部门应当将准予执业注册、再注册和注销注册的人员名单向其执业的村医疗卫生机构所在地的村民公告，并由设区的市级人民政府卫生行政主管部门汇总，报省、自治区、直辖市人民政府卫生行政主管部门备案。

第二十条 县级人民政府卫生行政主管部门办理乡村医生执业注册、再注册、注销注册，应当依据法定权限、条件和程序，遵循便民原则，提高办事效率。

第二十一条 村民和乡村医生发现违法办理乡村医生执业注

册、再注册、注销注册的，可以向有关人民政府卫生行政主管部门反映；有关人民政府卫生行政主管部门对反映的情况应当及时核实，调查处理，并将调查处理结果予以公布。

第二十二条　上级人民政府卫生行政主管部门应当加强对下级人民政府卫生行政主管部门办理乡村医生执业注册、再注册、注销注册的监督检查，及时纠正违法行为。

第三章　执业规则

第二十三条　乡村医生在执业活动中享有下列权利：

（一）进行一般医学处置，出具相应的医学证明；

（二）参与医学经验交流，参加专业学术团体；

（三）参加业务培训和教育；

（四）在执业活动中，人格尊严、人身安全不受侵犯；

（五）获取报酬；

（六）对当地的预防、保健、医疗工作和卫生行政主管部门的工作提出意见和建议。

第二十四条　乡村医生在执业活动中应当履行下列义务：

（一）遵守法律、法规、规章和诊疗护理技术规范、常规；

（二）树立敬业精神，遵守职业道德，履行乡村医生职责，为村民健康服务；

（三）关心、爱护、尊重患者，保护患者的隐私

（四）努力钻研业务，更新知识，提高专业技术水平；

（五）向村民宣传卫生保健知识，对患者进行健康教育。

第二十五条　乡村医生应当协助有关部门做好初级卫生保健服务工作；按照规定及时报告传染病疫情和中毒事件，如实填写并上报有关卫生统计报表，妥善保管有关资料。

第二十六条　乡村医生在执业活动中，不得重复使用一次性

医疗器械和卫生材料。对使用过的一次性医疗器械和卫生材料，应当按照规定处置。

第二十七条 乡村医生应当如实向患者或者其家属介绍病情，对超出一般医疗服务范围或者限于医疗条件和技术水平不能诊治的病人，应当及时转诊；情况紧急不能转诊的，应当先行抢救并及时向有抢救条件的医疗卫生机构求助。

第二十八条 乡村医生不得出具与执业范围无关或者与执业范围不相符的医学证明，不得进行实验性临床医疗活动。

第二十九条 省、自治区、直辖市人民政府卫生行政主管部门应当按照乡村医生一般医疗服务范围，制定乡村医生基本用药目录。乡村医生应当在乡村医生基本用药目录规定的范围内用药。

第三十条 县级人民政府对乡村医生开展国家规定的预防、保健等公共卫生服务，应当按照有关规定予以补助。

第四章 培训与考核

第三十一条 省、自治区、直辖市人民政府组织制定乡村医生培训规划，保证乡村医生至少每2年接受一次培训。县级人民政府根据培训规划制定本地区乡村医生培训计划。

对承担国家规定的预防、保健等公共卫生服务的乡村医生，其培训所需经费列入县级财政预算。对边远贫困地区，设区的市级以上地方人民政府应当给予适当经费支持。

国家鼓励社会组织和个人支持乡村医生培训工作。

第三十二条 县级人民政府卫生行政主管部门根据乡村医生培训计划，负责组织乡村医生的培训工作。

乡、镇人民政府以及村民委员会应当为乡村医生开展工作和学习提供条件，保证乡村医生接受培训和继续教育。

第三十三条 乡村医生应当按照培训规划的要求至少每2年接

受一次培训，更新医学知识，提高业务水平。

第三十四条　县级人民政府卫生行政主管部门负责组织本地区乡村医生的考核工作；对乡村医生的考核，每2年组织一次。

对乡村医生的考核应当客观、公正，充分听取乡村医生执业的村医疗卫生机构、乡村医生本人、所在村村民委员会和村民的意见。

第三十五条　县级人民政府卫生行政主管部门负责检查乡村医生执业情况，收集村民对乡村医生业务水平、工作质量的评价和建议，接受村民对乡村医生的投诉，并进行汇总、分析。汇总、分析结果与乡村医生接受培训的情况作为对乡村医生进行考核的主要内容。

第三十六条　乡村医生经考核合格的，可以继续执业；经考核不合格的，在6个月之内可以申请进行再次考核。逾期未提出再次考核申请或者经再次考核仍不合格的乡村医生，原注册部门应当注销其执业注册，并收回乡村医生执业证书。

第三十七条　有关人民政府卫生行政主管部门对村民和乡村医生提出的意见、建议和投诉，应当及时调查处理，并将调查处理结果告知村民或者乡村医生。

第五章　法律责任

第三十八条　乡村医生在执业活动中，违反本条例规定，有下列行为之一的，由县级人民政府卫生行政主管部门责令限期改正，给予警告；逾期不改正的，责令暂停3个月以上6个月以下执业活动；情节严重的，由原发证部门暂扣乡村医生执业证书：

（一）执业活动超出规定的执业范围，或者未按照规定进行转诊的；

（二）违反规定使用乡村医生基本用药目录以外的处方药

品的；

（三）违反规定出具医学证明，或者伪造卫生统计资料的；

（四）发现传染病疫情、中毒事件不按规定报告的。

第三十九条 乡村医生在执业活动中，违反规定进行实验性临床医疗活动，或者重复使用一次性医疗器械和卫生材料的，由县级人民政府卫生行政主管部门责令停止违法行为，给予警告，可以并处 1000 元以下的罚款；情节严重的，由原发证部门暂扣或者吊销乡村医生执业证书。

第四十条 乡村医生变更执业的村医疗卫生机构，未办理变更执业注册手续的，由县级人民政府卫生行政主管部门给予警告，责令限期办理变更注册手续。

第四十一条 以不正当手段取得乡村医生执业证书的，由发证部门收缴乡村医生执业证书；造成患者人身损害的，依法承担民事赔偿责任；构成犯罪的，依法追究刑事责任。

第四十二条 未经注册在村医疗卫生机构从事医疗活动的，由县级以上地方人民政府卫生行政主管部门予以取缔，没收其违法所得以及药品、医疗器械，违法所得 5000 元以上的，并处违法所得 1 倍以上 3 倍以下的罚款；没有违法所得或者违法所得不足 5000 元的，并处 1000 元以上 3000 元以下的罚款；造成患者人身损害的，依法承担民事赔偿责任；构成犯罪的，依法追究刑事责任。

第四十三条 县级人民政府卫生行政主管部门未按照乡村医生培训规划、计划组织乡村医生培训的，由本级人民政府或者上一级人民政府卫生行政主管部门责令改正；情节严重的，对直接负责的主管人员和其他直接责任人员依法给予行政处分。

第四十四条 县级人民政府卫生行政主管部门，对不符合本条例规定条件的人员发给乡村医生执业证书，或者对符合条件的人员不发给乡村医生执业证书的,由本级人民政府或者上一级人民政府卫生行政主管部门责令改正,收回或者补发乡村医生执业证书,并对直接负责的主管人员和其他直接责任人员依法给予行政处分。

第四十五条 县级人民政府卫生行政主管部门对乡村医生执业注册或者再注册申请,未在规定时间内完成审核工作的,或者未按照规定将准予执业注册、再注册和注销注册的人员名单向村民予以公告的,由本级人民政府或者上一级人民政府卫生行政主管部门责令限期改正;逾期不改正的,对直接负责的主管人员和其他直接责任人员依法给予行政处分。

第四十六条 卫生行政主管部门对村民和乡村医生反映的办理乡村医生执业注册、再注册、注销注册的违法活动未及时核实、调查处理或者未公布调查处理结果的,由本级人民政府或者上一级人民政府卫生行政主管部门责令限期改正;逾期不改正的,对直接负责的主管人员和其他直接责任人员依法给予行政处分。

第四十七条 寻衅滋事、阻碍乡村医生依法执业,侮辱、诽谤、威胁、殴打乡村医生,构成违反治安管理行为的,由公安机关依法予以处罚;构成犯罪的,依法追究刑事责任。

第六章 附 则

第四十八条 乡村医生执业证书格式由国务院卫生行政主管部门规定。

第四十九条 本条例自 2004 年 1 月 1 日起施行。

9. 最高人民法院《关于审理非法行医刑事案件具体应用法律若干问题的解释》全文

(2008 年 4 月 28 日由最高人民法院审判委员会第 1446 次会议通过，自 2008 年 5 月 9 日起施行。)

为保障公民身体健康和生命安全，依法惩处非法行医犯罪，根据刑法的有关规定，现对审理非法行医刑事案件具体应用法律的若干问题解释如下：

第一条 具有下列情形之一的，应认定为刑法第三百三十六条第一款规定的"未取得医生执业资格的人非法行医"：

（一）未取得或者以非法手段取得医师资格从事医疗活动的；

（二）个人未取得《医疗机构执业许可证》开办医疗机构的；

（三）被依法吊销医师执业证书期间从事医疗活动的；

（四）未取得乡村医生执业证书，从事乡村医疗活动的；

（五）家庭接生员实施家庭接生以外的医疗行为的。

第二条 具有下列情形之一的，应认定为刑法第三百三十六条第一款规定的"情节严重"：

（一）造成就诊人轻度残疾、器官组织损伤导致一般功能障碍的；

（二）造成甲类传染病传播、流行或者有传播、流行危险的；

（三）使用假药、劣药或不符合国家规定标准的卫生材料、医疗器械，足以严重危害人体健康的；

（四）非法行医被卫生行政部门行政处罚两次以后，再次非法行医的；

（五）其他情节严重的情形。

第三条　具有下列情形之一的，应认定为刑法第三百三十六条第一款规定的"严重损害就诊人身体健康"：

（一）造成就诊人中度以上残疾、器官组织损伤导致严重功能障碍的；

（二）造成三名以上就诊人轻度残疾、器官组织损伤导致一般功能障碍的。

第四条　实施非法行医犯罪，同时构成生产、销售假药罪，生产、销售劣药罪，诈骗罪等其他犯罪的，依照刑法处罚较重的规定定罪处罚。

第五条　本解释所称"轻度残疾、器官组织损伤导致一般功能障碍"、"中度以上残疾、器官组织损伤导致严重功能障碍"，参照卫生部《医疗事故分级标准（试行）》认定。

10.《中华人民共和国执业医师法》全文

（中华人民共和国第九届全国人民代表大会常务委员会第三次会议于 1998 年 6 月 26 日通过，自 1999 年 5 月 1 日起施行。）

第一章　总　则

第一条　为了加强医师队伍的建设，提高医师的职业道德和业务素质，保障医师的合法权益，保护人民健康，制定本法。

第二条　依法取得执业医师资格或者执业助理医师资格，经注册在医疗、预防、保健机构中执业的专业医务人员，适用本法。

本法所称医师，包括执业医师和执业助理医师。

第三条　医师应当具备良好的职业道德和医疗执业水平，发扬人道主义精神，履行防病治病、救死扶伤、保护人民健康的神圣职责。

全社会应当尊重医师。医师依法履行职责，受法律保护。

第四条　国务院卫生行政部门主管全国的医师工作。

县级以上地方人民政府卫生行政部门负责管理本行政区域内的医师工作。

第五条　国家对在医疗、预防、保健工作中做出贡献的医师，给予奖励。

第六条　医师的医学专业技术职称和医学专业技术职务的评定、聘任，按照国家有关规定办理。

第七条　医师可以依法组织和参加医师协会。

第二章 考试和注册

第八条 国家实行医师资格考试制度。医师资格考试分为执业医师资格考试和执业助理医师资格考试。

医师资格统一考试的办法，由国务院卫生行政部门制定。医师资格考试由省级以上人民政府卫生行政部门组织实施。

第九条 具有下列条件之一的，可以参加执业医师资格考试：

（一）具有高等学校医学专业本科以上学历，在执业医师指导下，在医疗、预防、保健机构中试用期满一年的；

（二）取得执业助理医师执业证书后，具有高等学校医学专科学历，在医疗、预防、保健机构中工作满二年的；具有中等专业学校医学专业学历，在医疗、预防、保健机构中工作满五年的。

第十条 具有高等学校医学专科学历或者中等专业学校医学专业学历，在执业医师指导下，在医疗、预防、保健机构中试用期满一年的，可以参加执业助理医师资格考试。

第十一条 以师承方式学习传统医学满三年或者经多年实践医术确有专长的，经县级以上人民政府卫生行政部门确定的传统医学专业组织或者医疗、预防、保健机构考核合格并推荐，可以参加执业医师资格或者执业助理医师资格考试。考试的内容和办法由国务院卫生行政部门另行制定。

第十二条 医师资格考试成绩合格，取得执业医师资格或者执业助理医师资格。

第十三条 国家实行医师执业注册制度。

取得医师资格的，可以向所在地县级以上人民政府卫生行政部门申请注册。

除有本法第十五条规定的情形外，受理申请的卫生行政部门应当自收到申请之日起三十日内准予注册，并发给由国务院卫生行政部门统一印制的医师执业证书。

医疗、预防、保健机构可以为本机构中的医师集体办理注册手续。

第十四条 医师经注册后，可以在医疗、预防、保健机构中按照注册的执业地点、执业类别、执业范围执业，从事相应的医疗、预防、保健业务。

未经医师注册取得执业证书，不得从事医师执业活动。

第十五条 有下列情形之一的，不予注册：

（一）不具有完全民事行为能力的；

（二）因受刑事处罚，自刑罚执行完毕之日起至申请注册之日止不满二年的；

（三）受吊销医师执业证书行政处罚，自处罚决定之日起至申请注册之日止不满二年的；

（四）有国务院卫生行政部门规定不宜从事医疗、预防、保健业务的其他情形的。

受理申请的卫生行政部门对不符合条件不予注册的，应当自收到申请之日起三十日内书面通知申请人，并说明理由。申请人有异议的，可以自收到通知之日起十五日内，依法申请复议或者向人民法院提起诉讼。

第十六条 构应当在三十日内报告准予注册的卫生行政部门，卫生行政部门十六条 医师注册后有下列情形之一的，其所在的医疗、预防、保健机应当注销注册，收回医师执业证书：

（一）死亡或者被宣告失踪的；

（二）受刑事处罚的；

（三）受吊销医师执业证书行政处罚的；

（四）依照本法第三十一条规定暂停执业活动期满，再次考核仍不合格的；

（五）中止医师执业活动满二年的；

（六）有国务院卫生行政部门规定不宜从事医疗、预防、保健业务的其他情形的。

被注销注册的当事人有异议的，可以自收到注销注册通知之日起十五日内，依法申请复议或者向人民法院提起诉讼。

第十七条　医师变更执业地点、执业类别、执业范围等注册事项的，应当到准予注册的卫生行政部门依照本法第十三条的规定办理变更注册手续。

第十八条　中止医师执业活动二年以上以及有本法第十五条规定情形消失的，申请重新执业，应当由本法第三十一条规定的机构考核合格，并依照本法第十三条的规定重新注册。

第十九条　申请个体行医的执业医师，须经注册后在医疗、预防、保健机构中执业满五年，并按照国家有关规定办理审批手续；未经批准，不得行医。

县级以上地方人民政府卫生行政部门对个体行医的医师，应当按照国务院卫生行政部门的规定，经常监督检查，凡发现有本法第十六条规定的情形的，应当及时注销注册，收回医师执业证书。

第二十条　县级以上地方人民政府卫生行政部门应当将准予注册和注销注册的人员名单予以公告，并由省级人民政府卫生行政部门汇总，报国务院卫生行政部门备案。

第三章　执业规则

第二十一条　医师在执业活动中享有下列权利：

（一）在注册的执业范围内，进行医学诊查、疾病调查、医学处置、出具相应的医学证明文件，选择合理的医疗、预防、保健方案；

（二）按照国务院卫生行政部门规定的标准，获得与本人执业活动相当的医疗设备基本条件；

（三）从事医学研究、学术交流，参加专业学术团体；

（四）参加专业培训，接受继续医学教育；

（五）在执业活动中，人格尊严、人身安全不受侵犯；

（六）获取工资报酬和津贴，享受国家规定的福利待遇；

（七）对所在机构的医疗、预防、保健工作和卫生行政部门的工作提出意见和建议，依法参与所在机构的民主管理。

第二十二条 医师在执业活动中履行下列义务：

（一）遵守法律、法规，遵守技术操作规范；

（二）树立敬业精神，遵守职业道德，履行医师职责，尽职尽责为患者服务；

（三）关心、爱护、尊重患者，保护患者的隐私；

（四）努力钻研业务，更新知识，提高专业技术水平；

（五）宣传卫生保健知识，对患者进行健康教育。

第二十三条 医师实施医疗、预防、保健措施，签署有关医学证明文件，必须亲自诊查、调查，并按照规定及时填写医学文书，不得隐匿、伪造或者销毁医学文书及有关资料。

医师不得出具与自己执业范围无关或者与执业类别不相符的医学证明文件。

第二十四条 对急危患者，医师应当采取紧急措施进行诊治；不得拒绝急救处置。

第二十五条 医师应当使用经国家有关部门批准使用的药品、消毒药剂和医疗器械。

除正当诊断治疗外，不得使用麻醉药品、医疗用毒性药品、精神药品和放射性药品。

第二十六条 医师应当如实向患者或者其家属介绍病情，但应注意避免对患者产生不利后果。

医师进行实验性临床医疗，应当经医院批准并征得患者本人或者其家属同意。

第二十七条 医师不得利用职务之便，索取、非法收受患者财物或者牟取其他不正当利益。

第二十八条 遇有自然灾害、传染病流行、突发重大伤亡事故及其他严重威胁人民生命健康的紧急情况时，医师应当服从县级以上人民政府卫生行政部门的调遣。

第二十九条 医师发生医疗事故或者发现传染病疫情时，应当按照有关规定及时向所在机构或者卫生行政部门报告。

医师发现患者涉嫌伤害事件或者非正常死亡时，应当按照有关规定向有关部门报告。

第三十条 执业助理医师应当在执业医师的指导下，在医疗、预防、保健机构中按照其执业类别执业。

在乡、民族乡、镇的医疗、预防、保健机构中工作的执业助理医师，可以根据医疗诊治的情况和需要，独立从事一般的执业活动。

第四章 考核和培训

第三十一条 受县级以上人民政府卫生行政部门委托的机构或者组织应当按照医师执业标准，对医师的业务水平、工作成绩和职业道德状况进行定期考核。

对医师的考核结果，考核机构应当报告准予注册的卫生行政部门备案。

对考核不合格的医师，县级以上人民政府卫生行政部门可以责令其暂停执业活动三个月至六个月，并接受培训和继续医学教育。暂停执业活动期满，再次进行考核，对考核合格的，允许其继续执业；对考核不合格的，由县级以上人民政府卫生行政部门注销注册，收回医师执业证书。

第三十二条 县级以上人民政府卫生行政部门负责指导、检查和监督医师考核工作。

第三十三条 医师有下列情形之一的，县级以上人民政府卫生行政部门应当给予表彰或者奖励：

（一）在执业活动中，医德高尚，事迹突出的；

（二）对医学专业技术有重大突破，做出显著贡献的；

（三）遇有自然灾害、传染病流行、突发重大伤亡事故及其他严重威胁人民生命健康的紧急情况时，救死扶伤、抢救诊疗表现突出的；

（四）长期在边远贫困地区、少数民族地区条件艰苦的基层单位努力工作的；

（五）国务院卫生行政部门规定应当予以表彰或者奖励的其他情形的。

第三十四条 县级以上人民政府卫生行政部门应当制定医师培训计划，对医师进行多种形式的培训，为医师接受继续医学教育提供条件。

县级以上人民政府卫生行政部门应当采取有力措施，对在农村和少数民族地区从事医疗、预防、保健业务的医务人员实施培训。

第三十五条 医疗、预防、保健机构应当按照规定和计划保证本机构医师的培训和继续医学教育。

县级以上人民政府卫生行政部门委托的承担医师考核任务的医疗卫生机构，应当为医师的培训和接受继续医学教育提供和创造条件。

第五章　法津责任

第三十六条　以不正当手段取得医师执业证书的，由发给证书的卫生行政部门予以吊销；对负有直接责任的主管人员和其他直接责任人员，依法给予行政处分。

第三十七条　医师在执业活动中，违反本法规定，有下列行为之一的，由县级以上人民政府卫生行政部门给予警告或者责令暂停六个月以上一年以下执业活动；情节严重的，吊销其执业证书；构成犯罪的，依法追究刑事责任：

（一）违反卫生行政规章制度或者技术操作规范，造成严重后果的；

（二）由于不负责任延误急危患者的抢救和诊治，造成严重后果的；

（三）造成医疗责任事故的；

（四）未经亲自诊查、调查，签署诊断、治疗、流行病学等证明文件或者有关出生、死亡等证明文件的；

（五）隐匿、伪造或者擅自销毁医学文书及有关资料的；

（六）使用未经批准使用的药品、消毒药剂和医疗器械的；

（七）不按照规定使用麻醉药品、医疗用毒性药品、精神药品和放射性药品的；

（八）未经患者或者其家属同意，对患者进行实验性临床医疗的；

（九）泄露患者隐私，造成严重后果的；

（十）利用职务之便，索取、非法收受患者财物或者牟取其他不正当利益的；

（十一）发生自然灾害、传染病流行、突发重大伤亡事故以及其他严重威胁人民生命健康的紧急情况时，不服从卫生行政部门调遣的；

（十二）发生医疗事故或者发现传染病疫情，患者涉嫌伤害事件或者非正常死亡，不按照规定报告的。

（十三）使用假学历骗取考试得来的医师证的。

第三十八条 医师在医疗、预防、保健工作中造成事故的，依照法律或者国家有关规定处理。

第三十九条 未经批准擅自开办医疗机构行医或者非医师行医的，由县级以上人民政府卫生行政部门予以取缔，没收其违法所得及其药品、器械，并处十万元以下的罚款；对医师吊销其执业证书；给患者造成损害的，依法承担赔偿责任；构成犯罪的，依法追究刑事责任。

第四十条 阻碍医师依法执业，侮辱、诽谤、威胁、殴打医师或者侵犯医师人身自由、干扰医师正常工作、生活的，依照《中华人民共和国治安管理处罚法》的规定处罚；构成犯罪的，依法追究刑事责任。

第四十一条 医疗、预防、保健机构未依照本法第十六条的规定履行报告职责，导致严重后果的，由县级以上人民政府卫生行政部门给予警告；并对该机构的行政负责人依法给予行政处分。

第四十二条 卫生行政部门工作人员或者医疗、预防、保健机构工作人员违反本法有关规定，弄虚作假、玩忽职守、滥用职权、徇私舞弊，尚不构成犯罪的，依法给予行政处分；构成犯罪的，依法追究刑事责任。

第六章 附 则

第四十三条 本法颁布之日前按照国家有关规定取得医学专业技术职称和医学专业技术职务的人员，由所在机构报请县级以上人民政府卫生行政部门认定，取得相应的医师资格。其中在医疗、预防、保健机构中从事医疗、预防、保健业务的医务人员，依照本法规定的条件，由所在机构集体核报县级以上人民政府卫生行政部门，予以注册并发给医师执业证书。

具体办法由国务院卫生行政部门会同国务院人事行政部门制定。

第四十四条　计划生育技术服务机构中的医师，适用本法。

第四十五条　在乡村医疗卫生机构中向村民提供预防、保健和一般医疗服务的乡村医生，符合本法有关规定的，可以依法取得执业医师资格或者执业助理医师资格；不具备本法规定的执业医师资格或者执业助理医师资格的乡村医生，由国务院另行制定管理办法。

第四十六条　军队医师执行本法的实施办法，由国务院、中央军事委员会依据本法的原则制定。

第四十七条　境外人员在中国境内申请医师考试、注册、执业或者从事临床示教、临床研究等活动的，按照国家有关规定办理。

第四十八条　本法自 1999 年 5 月 1 日起施行。

11. 《护士条例》全文

(2008 年 1 月 23 日国务院第 206 次常务会议通过，自 2008 年 5 月 12 起施行。)

第一章 总 则

第一条 为了维护护士的合法权益，规范护理行为，促进护理事业发展，保障医疗安全和人体健康，制定本条例。

第二条 本条例所称护士，是指经执业注册取得护士执业证书，依照本条例规定从事护理活动，履行保护生命、减轻痛苦、增进健康职责的卫生技术人员。

第三条 护士人格尊严、人身安全不受侵犯。护士依法履行职责，受法律保护。

全社会应当尊重护士。

第四条 国务院有关部门、县级以上地方人民政府及其有关部门以及乡（镇）人民政府应当采取措施，改善护士的工作条件，保障护士待遇，加强护士队伍建设，促进护理事业健康发展。

国务院有关部门和县级以上地方人民政府应当采取措施，鼓励护士到农村、基层医疗卫生机构工作。

第五条 国务院卫生主管部门负责全国的护士监督管理工作。

县级以上地方人民政府卫生主管部门负责本行政区域的护士监督管理工作。

第六条 国务院有关部门对在护理工作中做出杰出贡献的护

士，应当授予全国卫生系统先进工作者荣誉称号或者颁发白求恩奖章，受到表彰、奖励的护士享受省部级劳动模范、先进工作者待遇；对长期从事护理工作的护士应当颁发荣誉证书。具体办法由国务院有关部门制定。

县级以上地方人民政府及其有关部门对本行政区域内做出突出贡献的护士，按照省、自治区、直辖市人民政府的有关规定给予表彰、奖励。

第二章　执业注册

第七条　护士执业，应当经执业注册取得护士执业证书。

申请护士执业注册，应当具备下列条件：

（一）具有完全民事行为能力；

（二）在中等职业学校、高等学校完成国务院教育主管部门和国务院卫生主管部门规定的普通全日制3年以上的护理、助产专业课程学习，包括在教学、综合医院完成8个月以上护理临床实习，并取得相应学历证书；

（三）通过国务院卫生主管部门组织的护士执业资格考试；

（四）符合国务院卫生主管部门规定的健康标准。

护士执业注册申请，应当自通过护士执业资格考试之日起3年内提出；逾期提出申请的，除应当具备前款第（一）项、第（二）项和第（四）项规定条件外，还应当在符合国务院卫生主管部门规定条件的医疗卫生机构接受3个月临床护理培训并考核合格。

护士执业资格考试办法由国务院卫生主管部门会同国务院人事部门制定。

第八条　申请护士执业注册的，应当向拟执业地省、自治区、直辖市人民政府卫生主管部门提出申请。收到申请的卫生主管部门应当自收到申请之日起20个工作日内做出决定，对具备本条例规定条件的，准予注册，并发给护士执业证书；对不具备本条例规定条件的，不予注册，并书面说明理由。

护士执业注册有效期为 5 年。

第九条 护士在其执业注册有效期内变更执业地点的，应当向拟执业地省、自治区、直辖市人民政府卫生主管部门报告。收到报告的卫生主管部门应当自收到报告之日起 7 个工作日内为其办理变更手续。护士跨省、自治区、直辖市变更执业地点的，收到报告的卫生主管部门还应当向其原执业地省、自治区、直辖市人民政府卫生主管部门通报。

第十条 护士执业注册有效期届满需要继续执业的，应当在护士执业注册有效期届满前 30 日向执业地省、自治区、直辖市人民政府卫生主管部门申请延续注册。收到申请的卫生主管部门对具备本条例规定条件的，准予延续，延续执业注册有效期为 5 年；对不具备本条例规定条件的，不予延续，并书面说明理由。

护士有行政许可法规定的应当予以注销执业注册情形的，原注册部门应当依照行政许可法的规定注销其执业注册。

第十一条 县级以上地方人民政府卫生主管部门应当建立本行政区域的护士执业良好记录和不良记录，并将该记录记入护士执业信息系统。

护士执业良好记录包括护士受到的表彰、奖励以及完成政府指令性任务的情况等内容。护士执业不良记录包括护士因违反本条例以及其他卫生管理法律、法规、规章或者诊疗技术规范的规定受到行政处罚、处分的情况等内容。

第三章 权利和义务

第十二条 护士执业，有按照国家有关规定获取工资报酬、享受福利待遇、参加社会保险的权利。任何单位或者个人不得克扣护士工资，降低或者取消护士福利等待遇。

　　第十三条　护士执业，有获得与其所从事的护理工作相适应的卫生防护、医疗保健服务的权利。从事直接接触有毒有害物质、有感染传染病危险工作的护士，有依照有关法律、行政法规的规定接受职业健康监护的权利；患职业病的，有依照有关法律、行政法规的规定获得赔偿的权利。

　　第十四条　护士有按照国家有关规定获得与本人业务能力和学术水平相应的专业技术职务、职称的权利；有参加专业培训、从事学术研究和交流、参加行业协会和专业学术团体的权利。

　　第十五条　护士有获得疾病诊疗、护理相关信息的权利和其他与履行护理职责相关的权利，可以对医疗卫生机构和卫生主管部门的工作提出意见和建议。

　　第十六条　护士执业，应当遵守法律、法规、规章和诊疗技术规范的规定。

　　第十七条　护士在执业活动中，发现患者病情危急，应当立即通知医师；在紧急情况下为抢救垂危患者生命，应当先行实施必要的紧急救护。

　　护士发现医嘱违反法律、法规、规章或者诊疗技术规范规定的，应当及时向开具医嘱的医师提出；必要时，应当向该医师所在科室的负责人或者医疗卫生机构负责医疗服务管理的人员报告。

　　第十八条　护士应当尊重、关心、爱护患者，保护患者的隐私。

　　第十九条　护士有义务参与公共卫生和疾病预防控制工作。发生自然灾害、公共卫生事件等严重威胁公众生命健康的突发事件，护士应当服从县级以上人民政府卫生主管部门或者所在医疗卫生机构的安排，参加医疗救护。

第四章　医疗卫生机构的职责

第二十条　医疗卫生机构配备护士的数量不得低于国务院卫生主管部门规定的护士配备标准。

第二十一条　医疗卫生机构不得允许下列人员在本机构从事诊疗技术规范规定的护理活动：

（一）未取得护士执业证书的人员；

（二）未依照本条例第九条的规定办理执业地点变更手续的护士；

（三）护士执业注册有效期届满未延续执业注册的护士。

在教学、综合医院进行护理临床实习的人员应当在护士指导下开展有关工作。

第二十二条　医疗卫生机构应当为护士提供卫生防护用品，并采取有效的卫生防护措施和医疗保健措施。

第二十三条　医疗卫生机构应当执行国家有关工资、福利待遇等规定，按照国家有关规定为在本机构从事护理工作的护士足额缴纳社会保险费用，保障护士的合法权益。

对在艰苦边远地区工作，或者从事直接接触有毒有害物质、有感染传染病危险工作的护士，所在医疗卫生机构应当按照国家有关规定给予津贴。

第二十四条　医疗卫生机构应当制定、实施本机构护士在职培训计划，并保证护士接受培训。

护士培训应当注重新知识、新技术的应用；根据临床专科护理发展和专科护理岗位的需要，开展对护士的专科护理培训。

第二十五条　医疗卫生机构应当按照国务院卫生主管部门的规定，设置专门机构或者配备专（兼）职人员负责护理管理工作。

第二十六条　医疗卫生机构应当建立护士岗位责任制并进行

监督检查。

护士因不履行职责或者违反职业道德受到投诉的，其所在医疗卫生机构应当进行调查。经查证属实的，医疗卫生机构应当对护士做出处理，并将调查处理情况告知投诉人。

第五章　法律责任

第二十七条　卫生主管部门的工作人员未依照本条例规定履行职责，在护士监督管理工作中滥用职权、徇私舞弊，或者有其他失职、渎职行为的，依法给予处分；构成犯罪的，依法追究刑事责任。

第二十八条　医疗卫生机构有下列情形之一的，由县级以上地方人民政府卫生主管部门依据职责分工责令限期改正，给予警告；逾期不改正的，根据国务院卫生主管部门规定的护士配备标准和在医疗卫生机构合法执业的护士数量核减其诊疗科目，或者暂停其6个月以上1年以下执业活动；国家举办的医疗卫生机构有下列情形之一、情节严重的，还应当对负有责任的主管人员和其他直接责任人员依法给予处分：

（一）违反本条例规定，护士的配备数量低于国务院卫生主管部门规定的护士配备标准的；

（二）允许未取得护士执业证书的人员或者允许未依照本条例规定办理执业地点变更手续、延续执业注册有效期的护士在本机构从事诊疗技术规范规定的护理活动的。

第二十九条　医疗卫生机构有下列情形之一的，依照有关法律、行政法规的规定给予处罚；国家举办的医疗卫生机构有下列情形之一、情节严重的，还应当对负有责任的主管人员和其他直接责任人员依法给予处分：

（一）未执行国家有关工资、福利待遇等规定的；

（二）对在本机构从事护理工作的护士，未按照国家有关规定足额缴纳社会保险费用的；

（三）未为护士提供卫生防护用品，或者未采取有效的卫生防护措施、医疗保健措施的；

（四）对在艰苦边远地区工作，或者从事直接接触有毒有害物质、有感染传染病危险工作的护士，未按照国家有关规定给予津贴的。

第三十条　医疗卫生机构有下列情形之一的，由县级以上地方人民政府卫生主管部门依据职责分工责令限期改正，给予警告：

（一）未制定、实施本机构护士在职培训计划或者未保证护士接受培训的；

（二）未依照本条例规定履行护士管理职责的。

第三十一条　护士在执业活动中有下列情形之一的，由县级以上地方人民政府卫生主管部门依据职责分工责令改正，给予警告；情节严重的，暂停其 6 个月以上 1 年以下执业活动，直至由原发证部门吊销其护士执业证书：

（一）发现患者病情危急未立即通知医师的；

（二）发现医嘱违反法律、法规、规章或者诊疗技术规范的规定，未依照本条例第十七条的规定提出或者报告的；

（三）泄露患者隐私的；

（四）发生自然灾害、公共卫生事件等严重威胁公众生命健康的突发事件，不服从安排参加医疗救护的。

护士在执业活动中造成医疗事故的，依照医疗事故处理的有关规定承担法律责任。

第三十二条　护士被吊销执业证书的，自执业证书被吊销之日起 2 年内不得申请执业注册。

第三十三条　扰乱医疗秩序，阻碍护士依法开展执业活动，侮辱、威胁、殴打护士，或者有其他侵犯护士合法权益行为的，由公安机关依照治安管理处罚法的规定给予处罚；构成犯罪的，依法追究刑事责任。

第六章　附　则

第三十四条　本条例施行前按照国家有关规定已经取得护士执业证书或者护理专业技术职称、从事护理活动的人员，经执业地省、自治区、直辖市人民政府卫生主管部门审核合格，换领护士执业证书。

本条例施行前，尚未达到护士配备标准的医疗卫生机构，应当按照国务院卫生主管部门规定的实施步骤，自本条例施行之日起3年内达到护士配备标准。

第三十五条　本条例自2008年5月12日起施行。

12. 《中华人民共和国刑法》部分条文及重点条文解读

第六章　妨害社会管理秩序罪

第五节　危害公共卫生罪

第三百三十条　违反传染病防治法的规定，有下列情形之一，引起甲类传染病传播或者有传播严重危险的，处三年以下有期徒刑或者拘役；后果特别严重的，处三年以上七年以下有期徒刑：

（一）供水单位供应的饮用水不符合国家规定的卫生标准的；

（二）拒绝按照卫生防疫机构提出的卫生要求，对传染病病原体污染的污水、污物、粪便进行消毒处理的；

（三）准许或者纵容传染病病人、病原携带者和疑似传染病病人从事国务院卫生行政部门规定禁止从事的易使该传染病扩散的工作的；

（四）拒绝执行卫生防疫机构依照传染病防治法提出的预防、控制措施的。

单位犯前款罪的，对单位判处罚金，并对其直接负责的主管人员和其他直接责任人员，依照前款的规定处罚。

甲类传染病的范围，依照《中华人民共和国传染病防治法》和国务院有关规定确定。

第三百三十一条　从事实验、保藏、携带、运输传染病菌种、毒种的人员，违反国务院卫生行政部门的有关规定，造成传染病菌种、毒种扩散，后果严重的，处三年以下有期徒刑或者拘役；后果特别严重的，处三年以上七年以下有期徒刑。

第三百三十二条　违反国境卫生检疫规定，引起检疫传染病传播或者有传播严重危险的，处三年以下有期徒刑或者拘役，并处或者单处罚金。

单位犯前款罪的，对单位判处罚金，并对其直接负责的主管人员和其他直接责任人员，依照前款的规定处罚。

第三百三十三条　非法组织他人出卖血液的，处五年以下有期徒刑，并处罚金；以暴力、威胁方法强迫他人出卖血液的，处五年以上十年以下有期徒刑，并处罚金。

有前款行为，对他人造成伤害的，依照本法第二百三十四条的规定定罪处罚。

第三百三十四条　非法采集、供应血液或者制作、供应血液制品，不符合国家规定的标准，足以危害人体健康的，处五年以下有期徒刑或者拘役，并处罚金；对人体健康造成严重危害的，处五年以上十年以下有期徒刑，并处罚金；造成特别严重后果的，处十年以上有期徒刑或者无期徒刑，并处罚金或者没收财产。

经国家主管部门批准采集、供应血液或者制作、供应血液制品的部门，不依照规定进行检测或者违背其他操作规定，造成危害他人身体健康后果的，对单位判处罚金，并对其直接负责的主管人员和其他直接责任人员，处五年以下有期徒刑或者拘役。

第三百三十五条　医务人员由于严重不负责任，造成就诊人死亡或者严重损害就诊人身体健康的，处三年以下有期徒刑或者拘役。

解读：首先，是医疗事故罪的构成要件。行为主体必须是医务人员，即直接从事诊疗护理事务的人员，包括国家、集体医疗单位的医生、护士、药剂人员，以及经主管部门批准开业的个体行医人员。医疗责任事故，应是在诊疗护理工作中，因医务人员诊疗护理过失而造成的事故。由于诊疗护理工作是群体性的活动，构成医疗事故的行为人，还应包括从事医疗管理、后勤服务等人员。行为与结果表现为，严重不负责任，造成就诊人死亡或者严重损害就诊人身体健康。严重不负责任，是指医务人员在诊疗护理过程中，违反诊疗护理规章制度和技术操作规程，不履行或者不正确履行诊疗护理职责，粗心大意，马虎草率。行为既可以是作为，也可以是不作为，前者如护理人员打错针、发错药，后者如值班医生擅离职守。行为造成就诊人死亡或者严重损害就诊人身体健康的，才成立本罪。

第三百三十六条 未取得医生执业资格的人非法行医，情节严重的，处三年以下有期徒刑、拘役或者管制，并处或者 单处罚金；严重损害就诊人身体健康的，处三年以上十年以下有期徒刑，并处罚金；造成就诊人死亡的，处十年以上有期徒刑，并处罚金。

未取得医生执业资格的人擅自为他人进行节育复通手术、假节育手术、终止妊娠手术或者摘取宫内节育器，情节严重的，处三年以下有期徒刑、拘役或者 管制，并处或者单处罚金；严重损害就诊人身体健康的，处三年以上十年以下有期徒刑，并处罚金；造成就诊人死亡的，处十年以上有期徒刑，并处罚金。

解读：对于如何认定非法进行节育罪，主要考虑以下方面。首先，构成要件的内容为未取得医生执业资格的人擅自为他人进行节育复通手术、假节育手术、终止妊娠手术或者摘取宫内节育器，情节严重的行为。行为主体必须是未取得医生执业资格的人。最高人民法院《关于审理非法行医刑事案件具体应用法律若干问题的解释》第 1 条规定："具有下列情形之一的，应认定为刑法第 336 条第 1 款规定的'未取得医生执业资格的人非法行医'：①未取得或者以非法手段取得医师资格从事医疗活动的；②个人未取得《医疗机构执业许可证》开办医疗机构的；③被依法吊销医师执业证书期间从事医疗活动的；④未取得乡村医生执业证书，从事乡村医疗活动的；⑤家庭接生员实施家庭接生以外的医疗行为的。"依据上述法律的规定，需要注意的是，只有同时取得医师资格和取得执业证书，才属于取得"医疗执业资格"。客观行为表现为擅自为他人进行节育复通手术、假节育手术、终止妊娠手术或者摘取宫内节育器，情节严重的行为，属于典型的职业犯，刑法所规定的构成要件包括了行为人反复的行为，不管非法行为的时间多长，也只能认定一罪。其次，责任形式为故意，行为人必须明知自己未取得医生执业资格而非法进行节育手术的行为。

第三百三十七条　违反有关动植物防疫、检疫的国家规定，引起重大动植物疫情的，或者有引起重大动植物疫情危险，情节严重的，处三年以下有期徒刑或者拘役，并处或者单处罚金。

单位犯前款罪的，对单位判处罚金，并对其直接负责的主管人员和其他直接责任人员，依照前款的规定处罚。

图书在版编目（ＣＩＰ）数据

农村医疗常见法律问题解答：案例应用版/张立杰著. —北京：中国政法大学出版社，2015.2（2022.3重印）
ISBN 978-7-5620-5929-5

Ⅰ. ①农… Ⅱ. ①张… Ⅲ. ①农村卫生－卫生法－中国－问题解答 Ⅳ. ①D922.165

中国版本图书馆CIP数据核字(2015)第040530号

出 版 者　　中国政法大学出版社
地　　址　　北京市海淀区西土城路 25 号
邮寄地址　　北京 100088 信箱 8034 分箱　邮编 100088
网　　址　　http://www.cuplpress.com (网络实名：中国政法大学出版社)
电　　话　　010-58908285(总编室) 58908334(邮购部)
承　　印　　北京九州迅驰传媒文化有限公司
开　　本　　880mm×1230mm　1/32
印　　张　　8
字　　数　　190 千字
版　　次　　2015 年 5 月第 1 版
印　　次　　2022 年 3 月第 3 次印刷
定　　价　　18.00 元